Ressignificadas

Ressignificadas

"Transformando histórias em testemunhos de fé e renovação para a glória de Deus"

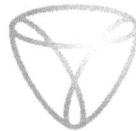

ISBN 9798992321623

90000

9 798992 321623

ZYRA
A C A D E M Y
INTERNATIONAL PUBLISHING, LLC

I0158867

DIRETORA GERAL DE EDIÇÃO E REVISÃO:
Euzira Luzia Pancieri

**FUNDADORA DO PROJETO E ORGANIZADORA
DO LIVRO "RESSIGNIFICADAS":**
Lira Helena Ávila Pontes

CO-FUNDADORA DO PROJETO:
Lenir Araújo

GERENTE EDITORIAL (inglês e espanhol):
Juan José Binet

CONTROLE DE PRODUÇÃO:
Zyra Academy International Publishing, LLC

CAPA E DIAGRAMAÇÃO:
Euzira Luzia Pancieri
Juan José Binet

LOGO "RESSIGNIFICADAS":
Alexandre Ferreira Pontes

IMPRESSÃO E PLATAFORMA DE MERCADO:
Amazon e Barnes & Noble, USA

LANÇAMENTOS:
Brasil | USA | Dubai, UAE | Canada
www.workbridgedubai.com

Caro leitor,

A sua opinião é muito importante para nós! Após a leitura, não se esqueça de nos acompanhar em nossas redes sociais:

- ✓ Facebook.com: /euzira.pancieri.2025
- ✓ X (antiguo Twitter): @ZyraPublishing
- ✓ Instagram: @ZyraAcademyPublishing
- ✓ YouTube.com/ @ZyraIntPublishing
- ✓ LinkedIn.com: /in/zyra-academy-international-publishing-598246344

Além disso, visite nosso site oficial:

Cadastre-se para compartilhar suas sugestões, críticas ou elogios. Sua contribuição nos ajuda a crescer e oferecer sempre o melhor conteúdo. Desejamos uma excelente leitura!

Equipe: Zyra Academy International Publishing, LLC

SUMÁRIO

• • •

AGRADECIMENTOS

Quero começar expressando minha profunda gratidão a Deus, que nos confiou este projeto tão especial. Foi pela visão do coração d'Ele, com o propósito de alcançar e transformar a vida de mulheres, que tudo isso se tornou possível. Sem a direção e o amor do Pai, nada disso seria real.

Sou imensamente grata ao meu esposo, meu companheiro fiel, que esteve ao meu lado em todos os momentos. Ele não apenas me apoiou, mas caminhou comigo em cada etapa deste livro, cuidando dos bastidores, incentivando-me quando eu mais precisei e sendo meu alicerce. Sua presença constante e amorosa foi fundamental para que este sonho se tornasse realidade.

Aos meus filhos, minha gratidão é infinita. Vocês suportaram minha ausência, compreenderam minha correria e sacrificaram momentos comigo para que eu pudesse me dedicar a este chamado. Sem o apoio e a paciência de vocês, eu não teria conseguido.

Também quero agradecer de coração à Lenir, que acreditou neste projeto e no chamado de Deus em minha vida. Sua parceria e dedicação foram essenciais para que juntas pudéssemos alcançar outras mulheres. Você é um presente de Deus!

Minha gratidão se estende à Euzira Luzia Pancieri e à Zyra Academy International Publishing LLC, e todo o seu time composto nesta Editora que confiou em nós e abriu portas para que este projeto fosse traduzido para outros idiomas, ampliando seu alcance para mulheres em diferentes países. Sua excelência, profissionalismo e empenho foram fundamentais para levar esta mensagem além das fronteiras.

Um agradecimento especial a cada escritora que aceitou o desafio de fazer parte de Ressignificadas. Vocês, corajosas, abriram seus corações e compartilharam histórias íntimas e profundas, permitindo que Deus as usasse para tocar a vida de outras mulheres. O testemunho de cada uma é um farol que ilumina o caminho para outras encontrarem Jesus e ressignificarem suas histórias. Obrigada pela coragem, pela vulnerabilidade e pelo compromisso com este chamado.

Quero agradecer ao meu marido, Alexandre Ferreira Pontes, por ter criado o nosso logo de forma tão especial, revelando a essência do nosso projeto.

Por fim, quero reconhecer Micheline, que trabalha incansavelmente nos bastidores, cuidando com tanto zelo e dedicação de toda a área de marketing. Mesmo sem aparecer, seu trabalho tem sido essencial para que esta mensagem chegue a ainda mais vidas.

A cada pessoa que, de alguma forma, contribuiu para este projeto, minha gratidão eterna. Vocês fazem parte de algo muito maior do que imaginam. Que Deus abençoe abundantemente cada um de vocês.

Lira Helena Avila Pontes

ESCRITORAS

Lenir Araújo — Lira Helena Ávila Pontes — Euzira Luzia Pancieri

COORDENADORAS DO PROJETO

Morgana Karolina de Souza — Elizângela Aragão de Souza — Ana Clara Selman — Deuselene Santos

Dieiner Ferreira Rocha Martins — Carla Patrícia Oliveira — Antonielle Perazzo — Eunice D. Neves de Barcellos

PREFÁCIO

Quando pensamos em ressignificação, nos deparamos com a ideia de dar um novo sentido a algo que, muitas vezes, parecia perdido ou irreparável. Este segundo volume de Ressignificadas traz histórias de mulheres que passaram por vales profundos, mas encontraram em Deus o poder para transformar suas lágrimas em vitória, suas cinzas em beleza, e suas dores em propósito.

Cada capítulo deste livro carrega a essência da coragem feminina, entrelaçada com a graça divina. São histórias de amor incondicional, de perseverança inabalável, e da fé que move montanhas. Aqui, você encontrará mulheres que enfrentaram perdas, rejeições, desafios familiares e traumas que poderiam tê-las destruído. Mas, em vez disso, elas encontraram força em Deus e emergiram como verdadeiras raridades nas mãos do Criador.

O que une todas essas histórias não é a ausência de dor, mas o poder do reencontro com Deus, que lhes deu a capacidade de recomeçar. Cada mulher neste livro representa um testemunho vivo de que, quando colocamos nossa vida nas mãos d'Ele, nenhum desafio é grande demais.

"Os que confiam no Senhor renovarão as suas forças." (Isaías 40:31)

Neste livro, você será desafiado a enxergar sua própria vida sob uma nova perspectiva. As histórias aqui compartilhadas não são apenas relatos de superação; são convites à esperança. A cada página, você será lembrado de que, independentemente das circunstâncias, Deus tem o poder de ressignificar a nossa história.

Agradeço a cada mulher que abriu seu coração para compartilhar sua jornada de fé e transformação. Que estas histórias sejam uma luz para você leitor, mostrando que o amor de Deus pode resgatar, curar e restaurar tudo o que foi perdido.

Que você, assim como elas, encontre força para ressignificar sua vida, acreditando que os planos de Deus para nós sempre serão maiores e melhores do que podemos imaginar.

Com gratidão e fé,

Lenir Araújo

BIOGRAFIA

LENIR ARAÚJO SILVA

Lenir Araújo nasceu em São Paulo e, ainda jovem, mudou-se para Recife, onde começou a trilhar sua caminhada na fé. Aos 20 anos, recebeu seu chamado, iniciando como missionária e se tornando pastora, conselheira, conferencista internacional e mentora de mulheres. É formada em teologia, coaching familiar e desenvolvimento humano, com certificações nacionais e internacionais.

Casada com André Bento desde 2001, também pastor e teólogo, Lenir dedicou quase duas décadas ao ministério na Espanha, liderando projetos sociais e plantação de igrejas. Atualmente, lidera iniciativas como o Voz da Mulher Oficial, que promove mentorias, cursos e conferências, e é cofundadora do projeto Ressignificadas.

Reconhecida por sua visão transformadora, Lenir ajuda mulheres a superarem desafios, descobrirem seu propósito e se tornarem agentes de mudança. Aos 63 anos, ela continua inspirando vidas, com um ministério consolidado e uma paixão intensa por Jesus.

Contato: leniraraujo.coach@gmail.com

Redes: @vozdamulheroficial | @coach.leniraraujo

I

CUIDANDO DE QUEM CUIDA

O Legado de uma Mulher
que Vê Diamantes onde Ninguém Vê

> *""Transformando vidas através do amor e propósito em Cristo, acredito que cada mulher é um diamante em potencial, pronta para brilhar e impactar o mundo."*

O Futuro Começa Agora

O momento de olhar para o futuro é sempre carregado de incertezas e, para muitos de nós, de medos que surgem das marcas do passado. Como mulheres ressignificadas, fomos chamadas a compreender que o passado não define nossa identidade nem limita as possibilidades do nosso futuro. É essencial abraçar a verdade de que cada dia é uma oportunidade divina de refazer nossa história.

No processo de ressignificação, aprendemos que o presente é o "sim" que damos a Deus e a nós mesmas. É nesse momento que decidimos caminhar em direção àquilo que Ele tem preparado para nós, sem as correntes da dúvida e da culpa. Quando entendemos que o futuro começa agora, percebemos que cada pequena ação, escolha e pensamento são sementes plantadas no solo de um amanhã que reflete a nossa confiança em Deus.

"Esqueçam o que se foi; não vivam no passado. Vejam, estou fazendo uma coisa nova! Ela já está surgindo! Vocês não a reconhecem?" (Isaías 43:18-19). Esse versículo nos lembra de que Deus é o Autor da novidade, Aquele que escreve nas páginas da nossa vida com propósitos de amor e renovação. Portanto, o que precisamos é de um coração disposto e olhos espirituais abertos para enxergar as novas oportunidades que Ele está criando, mesmo em meio às dificuldades.

Não devemos temer o futuro. Devemos, sim, viver cada dia com a convicção de que Deus caminha conosco e nos equipa para realizar seu plano. Quando nos lembramos de que somos ressignificadas para amar, liderar, influenciar e trazer luz, entendemos que o nosso futuro é moldado pela decisão de agir agora com intencionalidade e esperança.

Portanto, querida leitora, ao abraçar essa jornada, reconheça que cada momento presente é uma construção da sua história, que reflete a promessa divina. O futuro começa agora, em cada passo de coragem, em cada palavra de incentivo que você oferece e em cada vez que você escolhe amar. Que possamos, juntas, viver essa verdade e trilhar nosso caminho com a certeza de que o que virá será resultado de quem decidimos ser hoje.

PLANTANDO SEMENTES DE ESPERANÇA HOJE

Ressignificar a minha vida começou quando escolhi encarar minha história de frente com coragem e transformar a dor em propósito. Entre os 6 e os 9 anos de idade, passei por uma experiência que roubou minha inocência e me deixou feridas profundas, fui vítima de abuso, algo que deixou marcas profundas e desafiou minha capacidade de acreditar no futuro. Por muito tempo, carreguei esse peso como se ele definisse quem eu era.

Mas, um dia escolhi plantar sementes de esperança, mesmo em um terreno que parecia marcado pela dor por muito tempo. Essas cicatrizes me aprisionaram, mas Deus me mostrou que as áreas mais feridas da nossa vida podem se tornar as mais férteis.

Descobri que a dor não é meu destino final, e sim um lugar de transformação. Foi um processo lento, mas cada pequena escolha seja buscar ajuda, confiar em Deus ou permitir-me sonhar novamente foi uma semente que hoje vejo florescer em algo novo. Mesmo quando parecia impossível, decidi plantar sementes de perdão, cura, fé e coragem de compartilhar minha história, tem florescido não apenas em minha vida, mas na vida de outras mulheres que, como eu, carregam suas próprias histórias de dor. Tenho aprendido que, mesmo em meio às dificuldades, podemos plantar esperança e acreditar que Deus é capaz de transformar cinzas em beleza.

Talvez você esteja se perguntando como posso ressignificar minha vida? Comece com um ato simples como plantar sementes. Essas sementes podem ser pequenas ações, escolhas conscientes ou até mesmo pensamentos positivos que alimentam nossa alma. *"assim como você pensa na sua alma, assim você é!"* Provérbios 23.7

Quando entendemos que cada decisão que tomamos hoje tem o potencial de transformar vidas, incluindo a nossa, passamos a valorizar mais o presente. É no hoje que lançamos as sementes de amor, perdão, fé e coragem. O solo nem sempre será fértil, mas com persistência e a confiança em Deus, essas sementes germinarão no tempo certo. Mesmo em meio às dores e dificuldades, podemos escolher plantar esperança, acreditando que ela brotará em algo maior do que podemos imaginar.

Recordo do dia em que estava em Recife Pe. pregando em uma conferência e contei meu testemunho, e de repente um homem com quase dois metros de altura veio a frente chorando e ele me perguntou: será que tem perdão para mim? Eu lhe respondi, Deus perdoa a todos que se arrependem, confessam e deixam seus pecados. Você precisa do perdão de Deus? e ele disse sim eu sou alguém que abusou de crianças na mesma faixa etária que você foi abusada, e ele me perguntou: você perdoou seu abusador? e eu disse que sim. E ele disse: você pode orar pra que eu também receba o perdão? Eu orei por ele e liberei perdão, ele saiu dali e foi se entregar à polícia. Ele tinha recebido uma convicção de pecado tão forte, que mesmo sabendo que tinha recebido perdão de Deus, ele começou a gritar: "Eu estou livre! Eu estou livre! Agora sou capaz de enfrentar uma prisão e pagar a pena do meu crime na cadeia". Eu fiquei tão impactada com tudo isso, porque eu tinha perdoado meu abusador em oração, mas desde os meus nove anos eu nunca mais o vi. Diante dessa situação desse homem, pude imaginar como alguns abusadores também sofrem, por que um dia também eles foram vítimas e se tornaram predadores.

VIVENDO O AGORA PARA TRANSFORMAR O FUTURO

Carregar as marcas de um abuso infantil poderia ter me paralisado no passado. Por muitos anos, eu vivi tentando apagar essa parte da minha história, mas descobri que ressignificar é dar a ela um novo propósito. Ao invés de permitir que minha dor definisse meu presente, escolhi viver o agora com intencionalidade, buscando cura e transformando essa ferida em fonte de força e compaixão.

Hoje, cada ação minha é uma resposta ao chamado de Deus para transformar não apenas o meu futuro, mas também o de outras pessoas. Vivo o agora como uma forma de mostrar que, mesmo diante de experiências difíceis, há esperança e há vida plena em Cristo.

A vida acontece no agora. Muitas vezes, nos prendemos ao passado ou nos preocupamos excessivamente com o futuro, esquecendo que o poder de transformação está no presente. Quando eu tinha 6 anos, um primo meu de 19 anos começou a abusar de mim, dentro da minha própria casa. Ele me ameaçava para que eu não falasse nada para a minha família. Infelizmente eu tive que conviver com esse tormento durante três anos. Em dezembro de 2001 após a cerimônia do nosso casamento fomos passar nossa lua de mel em Fortaleza Ceará e justo no momento tão sonhado (inimigo faz questão de se meter para roubar os momentos) felizes que qualquer ser humano pode ter. Naquela noite ao chegar ao hotel depois de 1:20h minutos de voo, e mais 40 minutos de carro, estávamos conversando sobre o bonito que foi nosso casamento. Quando de repente eu comecei a sentir o cheiro do meu abusador. Meu esposo já trabalhava com aconselhamento e neste momento ele entendeu o que estava passando e sabia que não tinha nada a ver com ele. Ele com muita graça e sabedoria ministrou cura interior e só depois disso começamos nossa vida íntima. Como agradeço a Deus por ter colocado o André na minha vida, como tenho sido cuidada, amada e protegida por ele, durante esses 23 anos de casados que temos, ele tem sido meu provedor, pastor, amigo e companheiro fiel. Aquilo que tinha passado 31 anos antes estava voltando para estragar o presente, mas eu tomei uma posição e tinha o apoio do meu marido: não serei escrava do meu passado.

Hoje eu escolho me levantar e ajudar a outras meninas, adolescentes, jovens e mulheres que também passaram por essa terrível experiência. Ressignificar minha vida significou aprender a valorizar cada momento, enxergar beleza até mesmo nas circunstâncias desafiadoras e confiar no plano divino que se desdobra a cada passo.

Minha história pessoal não é apenas sobre superar, mas também sobre encontrar propósito ao ajudar outras mulheres que passaram por experiências semelhantes. Muitas delas ainda não ressignificam suas vidas, e algumas acreditam que nunca serão capazes de fazê-lo. Mas ao viver o agora, escolhendo investir no presente, vejo como Deus usa minha trajetória para inspirar e fortalecer outras mulheres.

Eu me tornei um testemunho vivo de que não importa quão escuro o passado tenha sido, o agora é uma oportunidade de semear Fé, Amor e Esperança. É no hoje que construímos o futuro, um ato de coragem e entrega por vez, ajudando outras a acreditarem que a restauração é possível.

Viver o agora exige coragem e intencionalidade. É olhar para as pessoas ao nosso redor e perguntar: como posso impactá-las positivamente? É investir tempo em nossas relações, em nossa espiritualidade e em nossos sonhos, sabendo que o que fazemos hoje constrói a base do futuro que almejamos.

Querida leitora, o ressignificar a vida é uma jornada de coragem, é um processo contínuo. Escolher plantar sementes de esperança em um terreno marcado pela dor é um ato de fé. Plantar esperança e viver o agora são escolhas diárias que nos aproximam do propósito de Deus para nós. Hoje, eu sei que minha história não é sobre o que me aconteceu, mas sobre como Deus a usou para me transformar e me capacitar a impactar outras vidas que ainda estão lutando com suas dores, mostrando que em Deus há cura e propósito. Como diz Isaías 61:3: "Para dar aos que choram em Sião uma coroa de beleza em vez de cinzas, óleo de alegria em vez de pranto, e um manto de louvor em vez de espírito angustiado.". Enquanto cuidamos do presente com amor e dedicação, colhemos um futuro cheio de significado e plenitude. Afinal, como está escrito em Gálatas 6:9: "E não nos cansemos de fazer o bem, pois no tempo próprio colheremos, se não desanimarmos." E Como está escrito em Romanos 8:28*: "Sabemos que Deus age em todas as coisas para o bem daqueles que o amam, dos que foram chamados segundo o seu propósito."*

O futuro começa aqui e agora!!

Ao olhar para minha caminhada, vejo o quanto Deus é fiel. Ele pegou minha história, cheia de desafios e aprendizados, e transformou em um propósito maior: impactar vidas e revelar o amor de Cristo. Meu coração se enche de gratidão ao perceber que cada passo, cada lágrima e cada conquista foram usados por Deus para moldar quem sou hoje.

Se eu pudesse deixar uma única mensagem para você, seria esta: nunca duvide do poder de Deus para transformar sua vida. Ele vê além das nossas limitações e enxerga o potencial que ninguém mais consegue ver. Cada mulher é um diamante bruto, e nas mãos do Mestre, podemos brilhar de forma única, levando luz para este mundo.

Que você encontre força em Cristo para enfrentar seus desafios e coragem para viver o propósito que Ele tem para você. Permita-se ser moldada por Deus, porque há um brilho único esperando para ser revelado em sua vida.

Com amor e fé,

Lenir Araújo Silva

BIOGRAFIA

LIRA HELENA ÁVILA PONTES

Meu nome é Lira Helena Ávila Pontes. Nascida na cidade de Camaquã RS, sou Mãe de três lindos filhos: Mateus, Débora e Daniel, presentes de Deus. Casada com Alexandre F. Pontes a 27 anos. Participei da escola de JOCUM ETD no Rio Grande do Sul. Fiz escola de Aconselhamento de JOCUM em João Pessoa, na Paraíba, trabalhando em missões em Porto Alegre-RS, Gravataí-RS, Manaus-AM, Salvador-BA, Senhor do Bonfim-BA e Recife-PE

Sou formada em Massoterapeuta desde 1992, em Porto Alegre RS Proprietária do Espaço Motivitta a mais de 10 anos, onde fizemos a transição para hoje Lira Pontes. Estetc & Academy.

Acadêmica de Fisioterapia. Atuando na área de Pré, Intra e Pós operatório de cirurgia Plástica.

Também em Pós Parto.

Amo trabalhar com pessoas, resgatando sua autoestima. E seus valores.

Fiz da minha profissão, meu propósito de vida, onde acredito no poder que carrego nas mãos, para transformar vidas!!

Sou cristã evangélica a 40 anos.

Atualmente congrego na Igreja Comunidade Cristã em Camaquã a 22 anos, onde nossos Pastores são referência e bençãos como líderes espirituais em minha vida.

Email Lira.helena@yahoo.com.br

Instagram @Lira Pontes Estetic & Academy

Fone - +51 998671382

II

O CHAMADO DE DEUS
PARA MULHERES RESSIGNIFICADAS

De Ossos Secos a Vida Plena:
A Restauração da Esperança

"Destacando a promessa de restauração e vida para as mulheres que se entregam ao Senhor."

Minha jornada como escritora começou há dois anos, quando fui convidada a participar de um projeto como coautora. Durante a pandemia, conheci Zyra Pancieri em diversas lives e cursos on-line, e desenvolvemos uma forte conexão. Essa amizade nos levou a colaborar em um novo projeto, 'Mulheres Diamantes', onde tive a oportunidade de coescrever o livro 'Vivendo Seu Propósito'."

Durante a escrita, Deus me conduziu de forma poderosa ao tema da ressignificação. A frase 'Ressignificadas para amar' ecoou em meu coração, levando-me a uma profunda reflexão sobre a capacidade divina de transformar nossas vidas. Senti-me chamada a compartilhar essa jornada de transformação e a criar um livro que reunisse histórias de mulheres que, como eu, foram profundamente tocadas pela graça de Deus. Acredito que ao compartilharmos nossas experiências, podemos inspirar e fortalecer outras mulheres em suas próprias jornadas."

Foi extraordinário como tudo aconteceu. Deus começou a falar claramente ao meu coração que este projeto seria algo grandioso: internacional, Inter denominacional, um plano muito maior do que eu podia imaginar. Durante dois anos, guardei cada palavra que Ele me confiava, permitindo que essa visão crescesse e tomasse forma dentro de mim.

A cada dia, sentia meu coração aquecer mais por esse chamado especial: trabalhar com mulheres de uma maneira que eu ainda não compreendia totalmente. Eu já tinha experiência ajudando mulheres com autoestima e beleza, mas Deus estava me direcionando para algo diferente, algo profundo, algo transformador.

Muitas vezes, senti-me pequena, incapaz e insegura diante de um chamado tão poderoso. Perguntava: "Por que eu, Senhor? Como vou realizar isso?" Mas, mesmo em meio às minhas dúvidas e limitações, sempre entreguei minha vida a Deus, confiando que Ele usaria minha fraqueza para revelar Sua força. E foi assim, na simplicidade de confiar, que Ele começou a agir.

Senti em meu coração o desejo de orar, pois percebia que há anos vivia acomodada, estagnada, sem fazer algo significativo para o Senhor. Porém, essa inquietação não era simples; era uma luta intensa dentro de mim, um confronto entre o conforto do conhecido e o chamado para algo maior. Em minhas orações e em cada mensagem ministrada pelo Senhor, Ele começou a trabalhar no mais profundo do meu ser.

Foi então que, há cerca de um ano, recebi uma visita inesperada e especial. Minha amiga, pastora Lenir Araújo, veio da Espanha com seu esposo diretamente para minha casa, na cidade de Camaquã. Eles ficaram hospedados comigo por uma semana. Foi um tempo precioso, cheio da presença de Deus. Em um momento de conversa casual, compartilhei com Lenir, de forma superficial, algo que queimava em meu coração. Mal sabia eu que essa visita tinha um propósito divino.

Lenir foi convidada para ministrar a mulheres durante sua estadia, e mais tarde participaria de um encontro com pastoras e líderes na cidade de Campo Bom, Rio Grande do Sul. Para minha surpresa, ela me convidou a acompanhá-la. Apesar de conhecer apenas Lenir e outra pastora, aceitei o convite. Naquele congresso, cercada por mulheres de Deus que eu nunca havia encontrado antes, algo começou a mudar profundamente em mim. Era como se o Senhor estivesse me posicionando para um novo tempo, um novo propósito.

Aquele congresso era específico para pastoras e líderes, e, para minha surpresa, fui convidada como preletora para compartilhar uma palavra com aquelas mulheres. Aceitar esse convite já foi um passo desafiador, mas enquanto eu orava e ministrava, algo extraordinário aconteceu: recebi uma unção especial de Deus. Em meio àquele momento, pude ouvir Sua voz clara e poderosa me dizendo: *"Eu te chamei para curar mulheres. Eu te chamei para investir na vida delas."*

Foi como se o céu se abrisse sobre mim. Senti um renovo indescritível — uma unção de palavra, poder, experiência e direção pelo Espírito Santo. Cada oração que eu fazia era como uma chave destravando algo novo na vida daquelas mulheres. E, ao mesmo tempo, Deus estava trabalhando em mim de forma profunda, me fazendo lembrar de todas as promessas que Ele já havia declarado sobre a minha vida. A presença do Senhor era tão real, tão intensa, que experimentei uma alegria sobrenatural, um gozo em estar exatamente no centro do Seu propósito.

Naquele lugar, senti como se tivesse nascido para aquilo. Deus, em Sua fidelidade, me dizia: *"Eu nunca esqueci das promessas que fiz. O teu chamado está vivo. Chegou a hora."* Foi impossível ignorar ou resistir. Percebi que não poderia mais ficar parada, escondida ou acomodada. Ali, rendi-me completamente diante de Deus e declarei: *"Senhor, eis-me aqui. Faz em mim a Tua vontade. Não quero mais fugir. Quero cumprir o propósito para o qual o Senhor me chamou. Eu digo sim!"*

Aquele momento marcou o início de um novo tempo, um novo capítulo da minha vida, onde me entreguei completamente ao chamado de Deus para ser instrumento Dele na cura e transformação da vida de mulheres.

Agora, preciso de um momento de pausa. Enquanto escrevo estas palavras, sinto a presença do Senhor me invadindo de uma forma tão profunda que as lágrimas escorrem pelo meu rosto. O Espírito Santo enche o meu coração com uma convicção indescritível: eu estou no caminho certo. Estou exatamente onde Deus deseja que eu esteja, cumprindo o que Ele tem colocado em meu coração.

Naquele congresso, Deus me chamou de volta à simplicidade do evangelho. Ele me levou a lembrar das primeiras coisas que me falou na minha conversão, das vezes incontáveis em que me chamou, falou comigo através de Sua Palavra e usou pessoas para liberar promessas sobre minha vida. Em meio a tudo isso, eu disse "sim" a esse chamado, mesmo sem saber o que me esperava, sem entender o que Deus planejava fazer.

Mas, apesar do "sim", eu também lutei com sentimentos de inadequação. Eu me perguntava, no silêncio do meu coração, por que havia sido colocada naquele grupo de pastoras e líderes. Por que eu, a única que não tinha o título de pastora, estava ali? Eu não me sentia merecedora. Não me achava digna de estar entre mulheres tão experientes no chamado, mulheres que já haviam dedicado suas vidas ao cuidado do rebanho do Senhor. Sentia que não estava à altura — nem no conhecimento, nem na vivência ministerial.

Esse sentimento cresceu a ponto de eu enviar uma mensagem para a pastora que havia me incluído no grupo, pedindo para sair. Disse a ela que não me sentia adequada para estar ali, que não deveria ocupar aquele espaço. Com paciência e sabedoria, ela não respondeu imediatamente. Ela orou, esperou e buscou a direção de Deus antes de me responder.

Hoje, olhando para trás, entendo que Deus estava usando essa experiência para quebrar mentiras que eu acreditava sobre mim mesma e para me ensinar que o chamado Dele não depende das nossas qualificações, mas da Sua graça. Ele não me escolheu porque eu era capaz, mas porque Ele é poderoso para me capacitar. E, nesse processo, fui aprendendo a confiar mais no que Deus diz sobre mim do que no que meus sentimentos insistiam em apontar. A resposta da pastora chegou como um bálsamo direto do coração de Deus. Com firmeza e amor, ela me disse: *"Eu estava orando para te dar uma resposta, e Deus manda te dizer que Ele não abre mão de ti, e nem eu vou abrir mão de ti."* Aquilo me impactou profundamente. Eu sabia que não era apenas uma palavra dela, mas a confirmação de que Deus tinha um propósito muito maior do que eu podia imaginar.

Mal sabia eu que hoje estaríamos unidas nesse mesmo projeto. Deus alinhou tudo de uma forma incrível: hoje lidero o **Projeto Ressignificadas**, e ao meu lado estão essa pastora que acreditou em mim e também a pastora Lenir. Juntas, construímos um caminho de comunhão, de compartilhamento da Palavra e de momentos de confraternização que só reforçaram nossa afinidade.

Lenir sempre esteve presente, com sua sabedoria e direção espiritual, contribuindo em encontros online e ministrando palavras de edificação para o grupo de pastoras. Em uma dessas ocasiões, compartilhei com Lenir algo que carregava em meu coração: *"Eu dividiria projetos apenas com alguém em quem tivesse plena confiança, com alinhamento, afinidade e o mesmo chamado."* Era exatamente isso que sentia em relação a ela. Nossa conexão espiritual era palpável, e quando ministrávamos juntas, havia uma unção poderosa do Espírito Santo fluindo entre nós. Vi Deus usar nossas vidas para curar, libertar e transformar mulheres de maneira sobrenatural.

Durante aquele retiro, ficou claro que Deus estava nos unindo para algo muito especial. Mais tarde, quando compartilhei o projeto com mais profundidade, Lenir não apenas entendeu, mas abraçou a visão com entusiasmo, unindo-se a mim para levar adiante esse chamado.

Este ano, enquanto preenchia os propósitos da minha igreja — um momento de escrever nossas orações e desejos para o que gostaríamos que Deus realizasse no ano — coloquei algo muito específico diante de Deus. Declarei que estava disposta a cumprir o chamado que Ele havia colocado sobre mim, pedindo que Ele me direcionasse com clareza. E, como sempre, Deus foi fiel. Ele não apenas me direcionou, mas também me cercou de pessoas alinhadas com Sua visão, pessoas que caminham ao meu lado com fé e propósito. Hoje, vejo que cada passo, cada palavra, e cada conexão era parte do plano perfeito de Deus para este projeto que transforma vidas.

Muitas coisas aconteceram ao longo desse tempo, muitas experiências e desafios, até que um dia, senti no coração que era o momento de compartilhar com a pastora Lenir o que Deus havia colocado em meu espírito sobre o **Projeto Ressignificadas**. Disse a ela que o projeto não se limitava apenas a alcançar mulheres, mas que Deus havia me dado duas direções claras.

A primeira era a escrita de um **livro**, um instrumento poderoso para edificar mulheres e transformar suas vidas. A segunda direção ia além: Deus me mostrou que esse projeto daria origem a um grande exército de mulheres, capacitadas e usadas pelo Senhor para impactar outras mulheres, trazendo cura, restauração e propósito.

Foi nesse tempo que Deus começou a me despertar durante as madrugadas, de forma intensa e sobrenatural. Por dias consecutivos, acordei entre 3h e 3h30 da manhã, sentindo uma urgência espiritual. As madrugadas se tornaram momentos sagrados de oração e revelação. Em uma dessas madrugadas, Deus colocou no meu coração que o projeto **Ressignificadas** não seria apenas um livro, mas também um **encontro de mulheres**, onde Ele derramaria unção, renovação, cura e edificação. Um momento em que o Espírito Santo despertaria aquelas que estavam acomodadas, trazendo novo significado às suas vidas e um renovo ao chamado que Ele já havia colocado em seus corações.

Uma palavra específica começou a queimar dentro de mim. Deus ministrou meu coração por meio de **Ezequiel 37**, o vale dos ossos secos. Enquanto lia, o Senhor perguntou a Ezequiel: *"Porventura, viverão esses ossos?"* E Ezequiel respondeu: *"Senhor Deus, Tu o sabes."* Deus, então, o instruiu: *"Profetiza sobre esses ossos e diz: 'Ossos secos, ouvi a palavra do Senhor!'"*

Naquela madrugada, Deus me questionou: *"Por acaso, as mulheres mortas espiritualmente podem viver?"* Ele começou a ministrar ao meu coração que dentro das igrejas havia mulheres que estavam mortas na fé, com ministérios enterrados, mulheres que haviam fechado os ouvidos ao chamado do Senhor. Eram mulheres aprisionadas na religiosidade, sem experimentar o sobrenatural de Deus. E Deus me revelou que o **Projeto Ressignificadas** seria o sopro de vida, o lugar onde essas mulheres ressuscitariam espiritualmente, se levantariam e seriam transformadas em um exército poderoso. Um exército profético que ouviria a voz de Deus e proclamaria Sua Palavra com ousadia e autoridade.

O Senhor continuava a ministrar que levantaria mulheres proféticas, com um ministério voltado para discernir e liberar Suas direções. Mulheres que seriam Sua boca onde quer que estivessem — seja em igrejas, palcos, trabalhos ou qualquer lugar que Deus as enviasse. E isso não seria apenas através do livro, mas também do encontro e de cada conexão que Ele providenciasse.

O chamado era claro: Deus estava despertando mulheres para serem usadas como instrumentos de cura, restauração e proclamação do Reino. O **Ressignificadas** não era apenas um projeto; era um mover do Espírito Santo. E nesse mover, Deus prometeu transformar vidas, dar um novo significado e acender um fogo profético que alcançaria nações.

Deus, em Sua infinita graça, começou a me trazer incontáveis confirmações sobre o chamado que Ele havia colocado em minha vida. Muitas vezes, irmãs da minha igreja me abraçavam, com lágrimas nos olhos, e me diziam: *"Lira, o que você está esperando? Você tem um chamado! Você precisa pregar a Palavra!"* Essas palavras ecoavam no meu coração e, diante do Senhor, eu não tinha mais como resistir. Quando Deus chama, Ele não apenas convoca, Ele nos move, nos confronta e nos transforma. Foi assim que eu decidi dizer o meu *sim*. Um *sim* de obediência, um *sim* de entrega total, um *sim* ao chamado divino.

Ao compartilhar o **Projeto Ressignificadas** com a pastora Lenir, Deus confirmou mais uma vez que Ele estava no controle. Em setembro de 2024, Lenir, com sua sabedoria e experiência, disse *sim* ao projeto. E que honra foi ouvir isso de uma mulher que admiro profundamente! Lenir não é apenas uma pastora ou conselheira; ela é uma referência, uma amiga de 30 anos que sempre exemplificou integridade, sabedoria e dedicação ao Senhor. Tê-la ao meu lado foi como receber um sopro de coragem e graça divina, fortalecendo-me para seguir adiante.

Deus começou a mover as peças deste projeto como um artesão, montando um quebra-cabeça divino. Entendi que o **Ressignificadas** nunca seria algo que eu realizaria sozinha. Ele seria fruto de uma comunhão, de uma equipe alinhada ao propósito do Senhor. E, como uma mãe que carrega em seu ventre uma criança sendo formada, eu e Lenir começamos a gerar esse projeto com oração, lágrimas e desafios. Houve dias de dores de parto espirituais, dias em que dobramos os joelhos, choramos e nos prostramos diante de Deus, enquanto Ele nos direcionava e conectava com pessoas incríveis que Ele mesmo escolheu para caminhar conosco.

Assim como em uma gestação, não sabíamos exatamente como seria o desenvolvimento do projeto. Mas a cada passo de obediência, era como se Deus nos permitisse ver um vislumbre em uma ecografia celestial. Aos poucos, víamos o **Ressignificadas** ganhando forma, detalhe por detalhe, enquanto o Senhor soprava vida em cada parte. A visão ia se tornando mais clara, os passos mais definidos, e a certeza de que Deus tinha pressa ardia em nossos corações.

Ao apresentarmos o **Projeto Ressignificadas** hoje, é impossível não lembrar do início, quando tudo parecia incerto. Mas foi exatamente ali, na nossa dependência do Senhor, que Ele começou a abrir portas e trazer conexões divinas. Buscamos uma editora local para o lançamento do livro, mas Deus, em Sua soberania, mudou tudo. Ele nos mostrou que, quando algo nasce do Seu coração, precisamos estar abertos às mudanças que Ele traz. Ele é o Deus que transforma caminhos em segundos e nos conduz com mão firme para onde devemos estar.

Assim, aqui estamos, com um coração transbordando de gratidão e expectativa, apresentando este projeto que já nasceu abençoado. O **Ressignificadas** não é apenas um projeto; é um mover do Espírito Santo, um chamado para mulheres serem curadas, restauradas e levantadas para o propósito de Deus. E sabemos que o que está começando agora é apenas o início do que o Senhor fará através deste sonho divino.

Oramos intensamente ao Senhor, entregando cada detalhe nas Suas mãos. Questionamos: *"Senhor, é essa a editora que Tu tens para o Ressignificadas, ou queres nos conduzir a outro lugar?"* Nosso coração estava completamente rendido, pronto para obedecer à Tua direção. Foi nesse espírito de entrega que compartilhei o projeto com a Zyra, uma mulher que admiro e confio. Ela me ouviu atentamente e, surpreendentemente, disse que nos apresentaria uma proposta.

Eu não tinha ideia do que viria, ainda mais porque ela estava nos Estados Unidos, enfrentando as adversidades de um furacão! As circunstâncias pareciam completamente desfavoráveis, mas no dia seguinte, lá estava ela, trazendo uma proposta que excedia todas as nossas expectativas. Aquilo só poderia ser Deus! Naquela madrugada, antes de tudo acontecer, eu havia buscado o Senhor em oração, perguntando qual seria a editora onde Ele desejava que o **Ressignificadas** nascesse. E Deus ministrou claramente ao meu coração: *"É com a Zyra, porque há um propósito maior em conectá-las para este projeto."*

Ao ouvir isso de Deus, fui imediatamente tocada pela paz que só Ele pode dar. Compartilhei com a Lenir, e ela sentiu exatamente o mesmo. Foi um momento de tremenda confirmação espiritual! Com isso, fechamos com a Zyra e sua editora nos Estados Unidos. Nossa gratidão transborda por essa parceria divina, pelo empenho da Zyra Academy e sua equipe, localizada em Miami, que abraçou esse sonho como se fosse deles também. A visão de que o **Ressignificadas** seria um projeto internacional e interdenominacional começou a se concretizar.

Enquanto me lembro das palavras que Deus ministrou na madrugada, quando falou comigo através de Ezequiel 37 sobre o vale de ossos secos, tudo faz ainda mais sentido. Deus declarou que levantaria um exército de mulheres ressignificadas por Ele. Mulheres que, um dia, estiveram mortas em alguma área de suas vidas, mas que foram transformadas, curadas e renovadas. Essas mulheres seriam usadas pelo Senhor para ressignificar outras vidas, compartilhando suas histórias e testemunhos de restauração. Foi exatamente essa visão que nos moveu a criar o encontro de mulheres Ressignificadas, um lugar onde elas seriam profundamente ministradas, curadas e renovadas.

A cada passo, Deus tem nos dado graça. Muitas vezes nos sentimos incapazes, inseguras diante do tamanho do chamado, mas é nesse momento que Ele nos lembra que Sua graça nos basta. A Bíblia nos garante que o Senhor capacita aqueles que Ele chama. E foi assim que Ele marcou cada detalhe do projeto **Ressignificadas**, nos conduzindo com palavras de poder e direção, nos unindo com pessoas e ferramentas certas, no tempo certo.

O **Ressignificadas** não é apenas um livro ou um encontro. É um mover de Deus, um despertar espiritual, um chamado para que mulheres ressuscitem sonhos, ministérios e propósitos. Cada passo dado até aqui foi guiado por Ele, e sabemos que o que está nascendo agora é apenas o começo de um propósito eterno que o Senhor deseja realizar.

Tudo tem acontecido tão rapidamente porque, desde o início, Deus nos deixou claro que havia pressa. Em setembro de 2024, começamos a colocar em ação o projeto **Ressignificadas**, e a partir daí, tudo foi acontecendo de forma acelerada, mas guiada pela oração. Eu e a pastora Lenir nos dedicamos a buscar no mundo espiritual as mulheres que Deus queria conosco nesse livro. Elas não foram escolhidas ao acaso, mas geradas em oração e direcionamento divino. Muitas dessas mulheres já estavam conectadas a nós, algumas há anos, mesmo que fisicamente distantes. Outras eram reconexões inesperadas que Deus trouxe de volta no momento certo.

Deus nos deu uma direção especial: não seríamos nós a dar os títulos dos capítulos para essas mulheres. Cada uma delas buscaria diretamente na intimidade com Deus, ouvindo do Espírito Santo o título e subtítulo que deveriam escrever. Elas iriam compartilhar suas histórias de ressignificação, contando o processo pelo qual Deus as fez virar a chave e transformar suas vidas. Isso não apenas traz autenticidade, mas também confirma que, quando Deus chama, Ele capacita, provê e guia em cada detalhe.

O que vemos nesse projeto é um verdadeiro mover de Deus. Muitas das mulheres enfrentaram grandes desafios para participar: algumas lidando com dificuldades financeiras, outras com a falta de tempo em meio a agendas cheias, especialmente em uma época tão atribulada como a que antecede o Natal. Mas Deus, em Sua fidelidade, tem aberto portas e feito o impossível.

Um testemunho marcante foi o de uma mulher de Recife. Ela queria participar, mas não tinha condições financeiras. A pastora Lenir, sob direção de Deus, a convidou mesmo assim. Essa mulher, com fé, declarou: *"Se Deus me quer neste livro, Ele irá prover."* Pouco tempo depois, uma das participantes, ao saber da situação, disse: *"Eu vou patrocinar a participação dela."* Esse é apenas um exemplo de como Deus tem movido corações e suprido necessidades, provando que Ele é quem lidera esse projeto.

Outra coisa incrível é que muitas dessas mulheres nunca haviam escrito um livro antes. Algumas até tinham o sonho de escrever, mas nunca souberam como começar. Algumas ouviram de seus filhos frases como: *"Mamãe, sua história daria um livro, por que você não escreve?"* E agora, através do **Ressignificadas**, esse sonho está se tornando realidade. Elas estão compartilhando seus testemunhos de fé, transformação e ressignificação para impactar vidas.

Ao refletir sobre tudo isso, lembro-me de como Deus começou a mexer comigo há muitos anos. Eu já trabalhava com mulheres na área da autoestima e beleza, mas sentia que Deus estava me chamando para algo mais profundo. Por muito tempo, resisti. Sentia-me pequena, incapaz e insegura diante desse chamado. Perguntei muitas vezes: *"Por que eu, Senhor? Como poderei fazer isso?"* Mas Deus nunca desistiu de me chamar. Ele foi ministrando ao meu coração, através das orações, pregações e encontros, até que eu não pude mais ignorar.

Há cerca de um ano, tive a visita da pastora Lenir Araújo, uma amiga de longa data, que veio da Espanha com seu esposo e ficou hospedada em minha casa por uma semana. Foi um tempo especial. Naquele período, compartilhamos algumas coisas de forma superficial, mas eu sentia que Deus estava nos conectando para algo maior. Mais tarde, Lenir foi convidada a ministrar para mulheres em um congresso na cidade de Dois Irmãos e me chamou para acompanhá-la. Aquele encontro foi um divisor de águas na minha vida.

Desde então, Deus tem usado pessoas ao meu redor para me apoiar e encorajar. Minha liderança na igreja, meus pastores, minha pastora e, especialmente, meu marido, têm sido fundamentais. Ele está sempre ao meu lado, nos bastidores, ajudando na organização, dando ideias e trazendo direção. É uma bênção ter um parceiro que entende o chamado de Deus e caminha junto.

Assim, seguimos vendo Deus agir, conectando pessoas, suprindo necessidades e tornando realidade o que antes parecia impossível. O projeto **Ressignificadas** é uma prova viva de que, quando Deus chama, Ele capacita. E nós seguimos dizendo *sim* a Ele, um passo de cada vez.

Não somos mulheres que estão se levantando de forma independente ou com rebeldia, mas sim mulheres que se rendem a Deus, aos nossos esposos e à nossa igreja, levantando-nos como porta-vozes do Senhor para alcançar e levantar outras mulheres. Muitas delas estão dentro da igreja, outras fora dela, mas todas estão precisando de um mover sobrenatural do Senhor. E Ele nos escolheu para ser esse instrumento, para ser a voz profética que trará ânimo, direção, graça e propósito sobre suas vidas. Mulheres que, dentro ou fora das igrejas, em reuniões ou em qualquer lugar, se tornarão porta-vozes do Senhor, proclamando Suas verdades e realizando o Seu chamado.

Como está escrito em Sua Palavra, em Isaías: "Não te mandei eu? Não temas, nem te espantes, porque o Senhor teu Deus é contigo por onde quer que andares". E em Josué 1:9: "Não te mandei eu? Não pasmes, nem te espantes; esforça-te, porque o Senhor teu Deus é contigo por onde quer que andares". Deus tem nos animado, nos encorajado, nos fortalecido e nos direcionado de forma maravilhosa para cumprirmos Seu chamado.

E ao olhar para o local onde será realizado o nosso primeiro encontro de mulheres, vemos a mão de Deus abrindo portas. Inicialmente, pensamos em um espaço para 100 mulheres, mas Deus nos falou que seria muito mais. Então, procuramos fora da nossa cidade e encontramos o lugar certo, em Eldorado do Sul, um espaço novo, com apenas três anos de existência, onde os jovens da nossa igreja já haviam feito um retiro. Ali, meu esposo e eu visitamos o local e, pela fé, já reservamos, pois em 2025 será o retiro de imersão do Ressignificadas, o primeiro encontro de imersão das mulheres ressignificadas.

Nesta primeira imersão, teremos mulheres ministrando a Palavra, com a pastora Gilnéia Antunes do Canadá, a pastora Lenir Araújo de Recife, Silvia Portugal, líder de mulheres, pastora Janaína de Campo Bom, e eu, Lira Pontes, líder do projeto.

Deus não chamou mulheres perfeitas, fortes ou prontas. Ele chamou mulheres com corações rendidos, dispostas a servir. Mulheres com falhas, com dificuldades, com desafios. Mulheres que enfrentaram desertos, escassez, abundância, perdas, até morte ministerial, e muitas, talvez, abusos e rejeições. Mas foram essas mulheres que Deus escolheu para este projeto. Mulheres que, em Deus, foram ressignificadas, que encontraram força, graça, motivação para viver e um novo sentido para a vida. Elas encontraram em Deus cura, libertação, transformação e preenchimento para o vazio do coração.

E agora, com todas essas experiências, elas podem ajudar outras mulheres. Elas têm empatia pela dor daquelas que atravessam situações semelhantes, pois já viveram o que muitas delas estão vivendo. Cada uma dessas mulheres tem uma área ou várias de suas vidas que foram profundamente ressignificadas, e há uma área especial em cada uma delas, um chamado mais forte, onde sabem que podem ministrar e ajudar outras a passarem pelo processo de cura e transformação.

O projeto **Ressignificadas** é uma oportunidade para mulheres se dispor a ajudar outras, compartilhar suas histórias e, assim, gerar um movimento de restauração, transformação e crescimento em Deus. A jornada de cada uma, com suas vitórias e desafios, será a chave para que muitas outras possam ser levantadas, restauradas e redirecionadas para cumprir o propósito de Deus em suas vidas.

Como eu disse, o livro não é um ponto final, mas sim uma coletânea contínua. Muitas mulheres se aproximaram do livro, e talvez, ao participarem da imersão ou ao escreverem suas histórias, elas vivam um novo ressignificado para a sua vida. Algo que antes estava no anonimato, agora será proclamado, e elas se tornarão escritoras. Não sabemos a grandeza do que Deus está preparando, mas sabemos que Ele nos levará a experimentar o novo Dele, a provar uma nova história, um novo caminho, que Ele mesmo traçou para essa geração.

Vivemos em um tempo em que o "empoderamento" feminino é exaltado, onde as mulheres são incentivadas a se posicionar acima dos seus maridos e a tomar uma postura de insubmissão. Há um movimento que promove a ideia de que as mulheres não precisam dos homens, que elas devem ser independentes em todos os aspectos. Mas isso não é o que Deus nos chamou para ser. Somos mulheres escolhidas por Deus, e precisamos do respaldo das nossas figuras de autoridade, pais, pastores, nossos maridos, do companheirismo para vencermos. Somos mulheres com ministério, mas somos também mulheres sujeitas, que se submetem à palavra de Deus, porque ela é a nossa bússola, o que nos guia, o que nos comanda. Somos chamadas para nos levantar em uma geração onde o certo se tornou errado e o errado se tornou certo, e onde mulheres precisam se vestir com uma armadura de uma falsa fortaleza, mas que, no fundo, estão desesperadamente precisando da graça e da sabedoria de Deus.

Nosso projeto é sobre levar mulheres à dependência de Deus, em primeiro lugar. Em Jeremias 1:5, Deus diz: *"Antes que te formasse no ventre materno, eu te escolhi; antes que saísses da madre, eu te separei"*. Eu já ouvi essa palavra de Deus ao longo da minha jornada, e hoje entendo o seu profundo significado. Ser profeta não significa apenas falar a Palavra de Deus na igreja, mas todo aquele que ouve a voz de Deus e transmite Sua direção para o povo é um profeta. E Deus tem levantado mulheres em um mundo contrário, para que sejamos Suas vozes, profetizando o caminho certo, levando a direção do Senhor para edificação da igreja e da sociedade.

Lembro-me de um momento específico, quando estávamos em uma reunião online com um grupo de escritoras e o Senhor compartilhou comigo uma palavra de Isaías 60:1: *"Levanta-te e resplandece, porque vem a tua luz, e a glória do Senhor vai nascendo sobre ti"*. Esta é uma palavra de ordem, que nos chama à ação. Levantar-se significa se posicionar, é fazer a diferença. Foi assim que Deus falou ao povo de Israel, quando anunciou a restauração após o cativeiro. Levantar-se e resplandecer é nos posicionarmos como mulheres chamadas para ser mães, esposas, e servas fiéis, em um mundo que nos diz para ser tudo, menos o que Deus nos chamou para ser.

Deus tem nos chamado a fazer a diferença dentro dos nossos lares, a trazer Sua presença para dentro de casa, para os nossos filhos e maridos. Nós somos chamadas a lutar contra as mentiras que têm sido lançadas sobre nossas vidas e nossas famílias, a dizer "não" ao pecado e ao inimigo que tenta roubar nossa herança em Cristo. Mesmo quando nossos filhos estão distantes de Deus, ou nossos pais afastados, há uma promessa para nós mulheres, e precisamos nos levantar e tomar posição, como diz Isaías: "Levanta-te e resplandece". Porque há uma promessa sobre nossas famílias: "eu e minha casa serviremos ao Senhor".

Temos a responsabilidade de declarar vitória sobre nossas famílias, sobre nossas casas, e sobre tudo o que vem contra a pureza do Evangelho. Deus nos chamou para nos posicionar em um mundo onde a essência da família está sendo corroída, onde a mulher corre atrás do trabalho e deixa de lado o chamado para ser mãe e esposa. Mas a Palavra de Deus nos diz para buscarmos primeiro o Seu reino, e tudo o mais será acrescentado. Precisamos entrar em equilíbrio.

Essa palavra de "Levanta-te" é para todas as mulheres: aquelas dentro da igreja, aquelas no mercado de trabalho, nas escolas, e nas empresas. Deus nos chamou para brilhar em todas essas esferas, para sermos luz, para resplandecer Sua glória em um mundo de trevas. Não podemos nos perder na busca pela vaidade ou pelo sucesso pessoal, esquecendo da nossa missão como mulheres de Deus. Precisamos trazer equilíbrio para nossas vidas, cuidar de nossa saúde, do nosso corpo, porque ele é templo do Espírito Santo, mas também cuidar de nossa alma e espírito, para que possamos cumprir nosso papel de servir ao Senhor, de honrá-Lo em todas as áreas da nossa vida.

Nosso título, "Viver uma Vida Plena" na imersão, vem de 1 Pedro 2:9. Uma vida plena não é uma vida sem desafios, mas é uma vida cheia da presença de Deus, da unção do Espírito Santo, que nos fortalece para enfrentar as adversidades e nos leva além, nos fazendo transbordar em bênçãos para outras mulheres. Esse é o nosso chamado: estar cheias do Espírito para abençoar nossas famílias, nossas casas, nossas empresas, e principalmente outras mulheres, para que, assim como fomos transformadas, possamos transformar a vida de outras.

Durante nossos encontros online, fomos testemunhas do poder de Deus curando e restaurando mulheres. Uma de nossas escritoras, minha irmã Daiane, foi curada de um tumor, e essa experiência se tornou um testemunho poderoso para todas nós. Deus está chamando mulheres posicionadas para viver o novo, para viver uma vida plena, ressurgindo em Deus e compartilhando Sua glória com o mundo. Esse é o propósito do projeto Ressignificadas: mulheres cheias do Espírito Santo, vivendo o chamado de transformação e impacto em todas as esferas da vida.

Querida leitora, ao longo deste processo de transformação e imersão no projeto *Ressignificadas*, cada uma de nós passou por um caminho único, mas todos com um propósito divino: resgatar nossa verdadeira essência como mulheres de Deus. Começamos muitas vezes perdidas em um mundo que tenta nos afastar do nosso chamado, mas ao nos posicionarmos, ao nos levantarmos, fomos tocadas pela graça e pela sabedoria de Deus, restaurando nossos corações e nossas vidas. Agora, como escritoras, temos a oportunidade de compartilhar nossas histórias de vitória, de cura e de renascimento e ministério.

O projeto *Ressignificadas* nos convida a uma jornada de ressignificação onde cada mulher é chamada a se levantar e resplandecer. É um chamado para que, como em Isaías 60:1, possamos sair das sombras da dúvida e da opressão, para brilhar com a luz da presença de Deus, trazendo Sua glória para nossas casas, nossas famílias e para a sociedade. Assim como o profeta Ezequiel foi levado ao vale de ossos secos e viu a palavra de Deus restaurar e trazer vida onde antes havia morte, nós também, mulheres de fé, somos convidadas a declarar vida onde a desesperança tentou reinar. O Senhor está soprando sobre nós, mulheres secas e desanimadas, e trazendo vida nova, renovando nossos corações e nossos lares.

Ao participar deste projeto, você estará se unindo a um movimento que vai muito além da escrita de um livro. Este é um movimento de mulheres que se levantam contra as mentiras do inimigo e se posicionam na verdade da Palavra de Deus. Cada uma de nós será transformada, curada, fortalecida e enviada para impactar outras mulheres ao nosso redor, a fim de que possamos, juntas, fazer a diferença nesta geração.

Este é o momento de você se levantar! Não deixe que as circunstâncias ou os medos do passado te impeçam de viver o novo que Deus preparou para sua vida. Sua história tem valor, sua voz é necessária, e a sua vida será um testemunho poderoso para todas as mulheres que estão à sua volta. Não importa o quanto você se sinta fragilizada ou desmotivada, porque o Senhor está nos restaurando, como Ele fez com os ossos secos, e nos chamando para vivermos plenamente em Sua presença, cheias do Seu Espírito e da Sua glória.

Se você sente em seu coração o chamado para fazer parte desse projeto, não hesite! Junte-se a nós e viva uma vida *ressignificada*, vivendo plenamente, com propósito e em obediência à Palavra de Deus. Vamos juntas, como um exército de mulheres fortes e cheias de fé, fazer a diferença e transformar este mundo. Deus tem um novo começo para você – o tempo de ressurgir é agora. Levante-se, resplandeça, e viva a vida que Deus planejou para você!

BIOGRAFIA

MORGANA KAROLINA DE SOUZA

Sou Morgana, uma mulher que encontrou na fé e na espiritualidade a força necessária para transformar a dor em propósito.
Enfrentei o mais profundo deserto emocional e carreguei as cicatrizes de um relacionamento que me deixou sem chão. Foi
nesse período de escuridão que renasci espiritualmente, ao me
conectar verdadeiramente com Deus e permitir que Ele preen-
chesse cada espaço vazio do meu coração.

Minha jornada de superação me ensinou a importância de entregar todas as áreas da minha vida nas mãos do Pai e de confiar no Espírito Santo para me guiar. Hoje, compartilho minha história com a esperança de ajudar outras pessoas a encontrarem luz nos momentos mais sombrios. Com gratidão e fé, dedico minha vida a mostrar que Deus é o Deus das reviravoltas e que, com Ele, qualquer vida pode ser transformada.

Gestora comercial, pós graduada MBA em liderança e coaching; terapeuta emocional e de relacionamentos.

Contato:

E-mail: morganabatista20@hotmail.com

Telefone: (81) 9.7905-8541 / (81) 98169-8894

III

RECONSTRUÍDA PARA VIVER

Uma Jornada de Cura, Fé e Propósito

> *"Porque, com Deus, as feridas do passado se transformam em pontes para o futuro."*

Dependência emocional e codependência são palavras que, à primeira vista, podem parecer semelhantes, mas seus significados e os efeitos que geram em nossas vidas podem ser devastadores. Quando os olhos da minha alma foram finalmente abertos pelo Espírito Santo, percebi que estava aprisionada em uma gaiola, sobrevivendo de migalhas de um "amor" que existia apenas na minha mente.

Se eu pudesse descrever essas duas realidades, diria que a dependência emocional é a sensação de não conseguir viver sem a pessoa amada, ao ponto de perder completamente a própria individualidade. Já a codependência emocional é acreditar que o outro depende de você para se sentir bem, como se você fosse o "salvador" da história.

Encarar minha verdadeira realidade foi doloroso. Era mais fácil aceitar a doce mentira do que enfrentar a dura verdade. Viver naquela bolha de dependência emocional, chegando ao ponto de ser codependente, parecia a única forma de seguir em frente. Esses traços ficaram evidentes quando percebi que não me sentia suficiente ou amada na vida do meu parceiro. Buscava nele algo que já não existia mais dentro de mim: o amor próprio.

Cheguei a um ponto em que até mesmo as coisas que eu amava foram esquecidas. Minhas prioridades se tornaram aquilo que ele gostava. Durante grande parte do relacionamento, minhas ideias, preferências e decisões eram sempre deixadas de lado, e o que prevalecia era a palavra dele. Eu me colocava à disposição para agradá-lo, mesmo que isso significasse ferir meus próprios princípios. Minha maior dificuldade era dizer "não", porque temia machucá-lo. No entanto, estava me ferindo profundamente, colocando uma faca em meu próprio coração e nos meus valores.

Dizer "sim" a todo custo era uma tentativa desesperada de provar que ele era o centro da minha vida, que suas vontades e desejos eram mais importantes que o que eu sentia. Mas, mais tarde, minha alma era tocada por Deus, e o resultado disso eram lágrimas solitárias na escuridão da noite, quando o silêncio era minha única companhia.

Tudo isso refletia as feridas que carreguei ao longo da minha jornada: rejeições, traumas de infância e mentiras que me contaram. Em meio a tudo isso, fui perdendo minha verdadeira identidade, meu valor. Apostar todas as minhas fichas na vida do outro parecia ser a única maneira de me sentir amada.

Não existe uma fórmula mágica para sair dessa situação, mas há algo que pode transformar nossa história: Deus. Ele cura e liberta. O primeiro passo é reconhecer que você precisa de ajuda e deseja mudar. É acreditar que existe vida após um término. É entender que as feridas do passado, sejam da infância ou adolescência, precisam ser curadas, e que o perdão — tanto para os outros quanto para si mesma — é o caminho. O perdão tem um poder imenso na nossa caminhada, porque, a cada vez que o liberamos, também estamos nos libertando.

O ciclo vicioso da culpa precisa ser quebrado, porque a culpa não traz paz. Mas o perdão — ah, o perdão — proporciona uma sensação maravilhosa: paz. Quando você se deita à noite e encosta a cabeça no travesseiro, o que sente é a tranquilidade de ter se libertado. Deus não quer que você leve ressentimentos para a próxima fase da sua vida, sejam eles em relação aos outros ou a si mesma. Quem guarda esses sentimentos não está pronto para viver o extraordinário que Ele tem preparado.

Perdoar não é uma questão de "ganhar"; é uma questão de "perder". Para receber o perdão do Pai, você precisa também liberar perdão. Se ainda tem dúvidas sobre o poder do perdão, olhe para a cruz. Se o nosso próprio Criador conseguiu perdoar aqueles que O crucificaram, humilharam e torturaram até a morte, como podemos ter dificuldades em perdoar aqueles que nos feriram? Não podemos nos tornar vítimas das nossas próprias feridas. A verdadeira liberdade começa no perdão.

TESTEMUNHO

Fui casada por 10 anos e, durante esse período, não tinha ideia de que estava convivendo com um homem narcisista. Os desejos dele eram sempre a prioridade na minha vida, enquanto os meus ficavam escondidos debaixo do tapete, como se "quem sabe um dia" eu pudesse viver para mim mesma.

Nos conhecemos na faculdade. O charme e a postura dele me conquistaram completamente. Começamos a namorar e, logo no início, ele me contou que havia se separado há pouco tempo e estava tentando reconstruir a vida. A ex-mulher, mãe de seus filhos, tinha levado tudo do apartamento, deixando-o com quase nada. Fiquei chocada com a história e com a coragem dele de tentar recomeçar do zero. Os meses se passaram, e, quando estávamos prestes a completar um ano de namoro, contei a ele sobre um envolvimento anterior. Antes de conhecê-lo, eu havia me apaixonado por um rapaz que, sem eu saber, estava noivo. Quando descobri, terminei o relacionamento imediatamente. A reação dele foi inesperada: ele não aceitou minha história, mesmo sendo algo que havia acontecido antes de nos conhecermos. A partir desse momento, ele começou a mostrar quem realmente era. As brigas se tornaram cada vez mais frequentes e intensas.

Na última grande discussão, estávamos decididos a terminar o relacionamento. Marcamos um encontro, acreditando que seria apenas uma conversa sobre o fim, mas acabou sendo o início de uma tortura emocional. Ele me manipulou para que eu ligasse para o meu irmão e contasse toda a verdade sobre o antigo relacionamento, dizendo que agora eu estava com um homem digno. Depois, pediu que eu ligasse para a noiva do meu ex e contasse a mesma história. Após cumprir essas "tarefas", ele exigiu uma prova do meu amor e da nossa reconciliação: uma tatuagem com a assinatura dele na minha costela. E eu fiz.

Reatamos o namoro e decidimos morar juntos. Você pode estar se perguntando por que eu fiz tudo isso, por que fui tão ingênua. A resposta é simples, mas dolorosa: durante aquele quase um ano de relacionamento, eu já havia desenvolvido uma dependência emocional. Fui me afastando da minha família, ele começou a me distanciar dos meus amigos da faculdade e das pessoas mais próximas a mim. Sem perceber, passei a colocá-lo no centro da minha vida, enquanto as feridas de dependência emocional da minha infância só se aprofundavam com a presença dele na minha vida.

Recomeçamos tudo. Tudo o que ele havia perdido: apartamento, móveis, carro, dinheiro. Quando finalmente estávamos estabilizados financeiramente, começou o ciclo de desvalorização. Nada do que eu fazia era bom o suficiente. Nada o agradava. As brigas se tornaram frequentes, e as humilhações, constantes. Até que um dia, sem qualquer aviso, ele virou para mim e disse: "Não dá mais, precisamos terminar." Eu não entendi por que, porque, na minha cabeça, mesmo com as brigas, tudo parecia estar em ordem.

Chegou o dia da separação. Tudo o que construímos juntos ficou para trás. Saí daquele relacionamento apenas com minhas roupas, alguns acessórios, nosso cachorro e uma dor imensa na alma. A única pergunta que martelava na minha cabeça era: "Onde eu errei?"

Os dias passaram, e eu descobri que o "de repente" dele tinha nome, endereço e gênero. Sim, fui trocada. A dor era tão intensa que parecia não haver remédio capaz de aliviá-la. Fui morar com minha família e, enquanto começava a reconstruir minha vida, ele voltou. Sim, ele voltou. Apareceu pedindo uma nova chance, dizendo que estava arrependido. Marcamos uma conversa, e foi quando soube que ele havia perdido tudo o que construímos juntos. O pior de tudo? Ele havia se casado com a amante no cartório. Ele estava no fundo do poço, assim como sua primeira esposa o deixara.

Mesmo com tudo isso, o amor que eu ainda sentia por ele me cegou. Diante de tantas promessas e arrependimentos, aceitei voltar. Reconstruímos tudo novamente. Mas, como era esperado, alguns meses depois, o ciclo de abuso recomeçou. Para se sentir melhor, ele me rebaixava. Minhas ideias não eram validadas, e, a cada dia, eu me tornava ainda mais emocionalmente dependente dele.

Nesse ponto, eu já não tinha amigos ou família próximos. Ele os afastou, dizendo que eles não eram boa companhia ou que queriam o fim do nosso relacionamento. Quando ele percebia que eu estava desanimada ou considerando pedir a separação, ele me dava migalhas de amor, como uma recompensa por eu ainda estar ali. E eu aceitava essas migalhas, como alguém faminto que se contenta com farelos de pão caídos no chão. Afinal, para quem tem fome, qualquer farelo serve.

Marcamos uma viagem para conhecer dois países. Era para ser a viagem dos sonhos, mas, hoje, ao lembrar dos 10 anos que passamos juntos, me pergunto quantos momentos conseguimos passar sem brigar. Nenhum. Cada dia parecia um novo episódio de sofrimento. Ao ver as fotos dessa viagem, percebo que 90% delas foram tiradas com meus olhos cheios de lágrimas. As brigas eram constantes, principalmente quando ele dava mais atenção a outras mulheres ou me diminuía na frente de outros casais. Eu era chamada de "louca", a culpada por estragar a viagem. Quando eu finalmente explodia, porque as coisas estavam tão claras, ele me dava migalhas de amor e atenção. Então, voltávamos a fingir ser um casal normal.

Os anos se passaram, e uma crise financeira abalou a vida dele com sua primeira esposa, a mãe de seus filhos. Foi nesse momento que ela pediu que ele cuidasse dos filhos pré-adolescentes. Como eu amava as crianças e também o pai, aceitei o desafio. Na minha cabeça, acreditava que ele poderia mudar com a presença dos filhos em casa. Cuidar deles foi uma experiência boa, pois me sentia preparada para um dia, cuidar do nosso próprio filho. Muitas vezes, a única companhia que eu tinha era a dessas crianças, assistindo a um filme, indo à praia ou conversando.

As discussões começaram porque eu não aceitava certas atitudes dele em relação aos filhos. Na última briga que tivemos sobre isso, meu ex disse uma frase cruel: "Você não serve para ser mãe de crianças; só serve para ser mãe de cachorro. Eles só precisam que você coloque comida, brinque um pouco e os leve para passear por 10 minutos." Nesse momento, o pouco amor próprio que me restava se despedaçou. Essa frase ficou marcada na minha alma, porque meu maior sonho sempre foi ser mãe e dar ao meu filho o amor que eu tive da minha mãe, quando criança.

Decidimos devolver as crianças à mãe deles, com a falsa esperança de resgatar um relacionamento que, na verdade, só existia na minha cabeça. Eu vivia picos de emoções: três dias na semana eu me sentia feliz, acreditando que estava em um relacionamento saudável e que ele me amava, mas, no restante da semana, estávamos brigados. Era uma montanha-russa emocional.

Os anos passaram, e eu descobri que estava grávida. Sim! O sonho tão esperado finalmente se tornava realidade. Quando contei a novidade ao meu esposo, não senti a mesma alegria da parte dele. Ele fez questão de ir ao hospital para confirmar que seria pai. Segundo ele, estava preocupado por causa de um sangramento que eu havia tido dias antes. Mas, na verdade, a preocupação dele parecia ser outra: queria apenas ter certeza de que o teste de farmácia estava correto.

Sonhei com o quarto do bebê, com o chá de revelação, com os nomes. Meu coração transbordava de alegria, pois em sete meses, meu pacotinho estaria nos meus braços. Mas, durante a gestação, que durou apenas um mês devido aos sangramentos, percebi que aquele sonho não era compartilhado com o mesmo entusiasmo por ele. No primeiro ultrassom, mandei fotos, vídeos e mensagens para todos, mas dele não recebi nada. Nenhuma palavra de apoio. Perguntei se ele realmente estava feliz com a gravidez, e a única resposta foi: "Sim."

Continuei a gestação, mesmo com os sangramentos. Os médicos diziam que o bebê estava bem e que aquilo era normal. Fiz tratamentos, tomei remédios, mas nada parecia parar o sangramento. Até que, um dia, o sangramento cessou, e eu esperava ansiosamente meu esposo voltar de viagem para contar as boas notícias. Quando ele chegou, comecei a expelir muito sangue. Olhei para ele e disse: "Acho que estou perdendo o bebê." Ele respondeu: "Isso não é nada, a médica disse que é normal."

Corri para o banheiro, tentando conter o sangue, e pedi para ele me levar à urgência. Sua resposta foi: "Poxa, acabei de chegar de viagem." Falei que iria sozinha ao hospital, mas desmaiei. Só acordei com ele trocando minha roupa, colocando uma capa no banco do carro para não sujar, e me ajudando a entrar no veículo. Enquanto eu sentia uma dor excruciante, pedi que ele acelerasse, mas não percebi nenhuma urgência da parte dele. Perdi meu sonho, meu pacotinho de três meses. Deus o levou para perto Dele, e hoje ele canta para o Senhor.

No dia da minha alta, tivemos uma discussão porque pedi que ele pegasse um documento na recepção, e ele respondeu: "Estou cansado." Naquele domingo, ele estava ao meu lado, trabalhando em home office, enquanto eu acabara de perder o filho dele.

O período de resguardo começou, mas, ao invés de receber apoio, fui completamente abandonada. No dia seguinte à alta, fui ao mercado, achando que já estava bem, e desmaiei na fila. Deus, em Sua infinita bondade, colocou minha vizinha de porta ali, que ligou para meu esposo. Ele respondeu que estava em uma reunião e chegou muito tempo depois, ainda com o fone no ouvido. Fui levada para casa, não ao hospital, e deixada sob os cuidados da empregada e da minha sogra, pois ele viajaria a trabalho.

Naquela noite, passei mal novamente e desmaiei. Minha sogra, coitada, uma senhora idosa, acordou quase todo o prédio para me socorrer. Fui levada ao hospital, e, devido à quantidade de sangue que perdi, fui diagnosticada com anemia profunda. Passei a noite em observação. Quando peguei o celular da minha sogra para ver se meu esposo havia se preocupado, vi apenas as ligações dela, em todos os momentos. Nenhuma ligação dele. E mais uma vez, busquei migalhas, ligando e cobrando a atenção que não recebia.

Passei os 15 dias seguintes completamente sozinha. Por sorte, minhas tias viajaram 580 km para cuidar de mim, da casa e dos cachorros. Minha sogra foi meu verdadeiro suporte. Mas, mesmo depois de tudo isso, ele continuava a me tratar com o mais cruel dos silêncios. Passava por mim sem dizer uma palavra. Quando finalmente o chamei para conversar, tentando entender o que eu tinha feito de errado para ser tratada daquela maneira, a frase que ouvi foi: "Não quero ser mais pai."

Meu mundo desabou. Como assim? Eu não entendia nada do que estava acontecendo. Foi nesse momento que meu Pai Celestial me deu forças para romper o casamento e decidir que não abriria mão do meu maior sonho. Ele não cumpriu a promessa que fez quando pediu para voltar. Não queria construir a família que havia dito desejar. Mas eu, com a ajuda de Deus, sabia que meu sonho não estava perdido. O amor de mãe estava em mim, e nada poderia me tirar isso. Durante três dias, enquanto ajeitava minhas coisas para a mudança, ainda tentei, por três vezes, conversar com ele. Queria entender se aquela era, de fato, a decisão final. Na minha cabeça, era incompreensível como alguém poderia jogar tudo para o alto, sem mais nem menos. Mas, naquele momento, eu não conseguia entender que não era ele quem falava, mas Deus, usando-o como um instrumento para me dizer: "Minha filha amada, sou Eu quem estou fechando essa porta."

E, assim, o ciclo se repetiu. Deixei tudo para trás. Levei apenas minhas roupas e minha cachorrinha. Apenas isso. Pois, dentro de mim, já não havia mais nada — tudo estava destruído. Machucado. Sem vida.

Durante os três primeiros meses, eu não conseguia passar três dias sem falar com ele, implorando para voltar, porque, na minha cabeça, eu era a errada. Sentia que precisava ser perdoada e voltar para o meu relacionamento, para a minha vida. O sentimento que tomava conta de mim era muito parecido com a abstinência de uma droga. Não conseguia realizar minhas atividades diárias, pois meus pensamentos estavam sempre voltados para o mesmo ponto de partida: Você é culpada. E, a cada vez que me humilhava, ligando, chorando, ele jogava tudo na minha cara, dizendo que a culpa era minha, que fui eu quem largou o lar, a família, tudo.

Cheguei ao ponto de pensar em tirar minha própria vida; afinal, o centro da minha existência, que deveria ser ocupado pelo Espírito Santo, estava preenchido por um homem mortal. Quando esse pensamento se tornava ainda mais forte no meu coração e na minha mente, fui, no dia seguinte, para o grupo de oração da igreja. Foi lá que Deus me olhou profundamente, através do olhar da mulher que ministrava a palavra. E foi naquele momento que senti Deus resgatando meu espírito do mais profundo poço.

Decidi marcar uma conversa com essa mulher, para desabafar, para pedir socorro. E foi ali que percebi que Deus estava usando-a para falar diretamente comigo. Foi por meio da leitura bíblica que ela fez: "Ele revela o profundo e o escondido" (Daniel 2:22). Ah, se eu pudesse descrever em detalhes o que aconteceu a partir desse momento, faltariam páginas. Pois foi ali que Deus revelou tudo o que estava escondido e me fez entender que não era meu ex-marido que não aceitava a reconciliação do nosso casamento, mas, na verdade, era a mão de Deus fechando uma porta que nunca mais deveria ser aberta.

Passei por momentos de terapia que me ajudaram a romper com as correntes do passado, com as feridas da infância e com as ligações espirituais que ainda me uniam ao meu ex. Deus realmente entrou na minha vida e colocou duas mulheres como instrumentos para me resgatar do mais profundo abismo, de um lugar que eu não desejo para ninguém. E para selar esse ciclo, a tatuagem que eu havia feito no início do relacionamento foi coberta por uma imagem de uma pena, pássaros voando e a frase bíblica mencionada acima. Ela mudou a minha história. Esse Deus é tremendo. Ele chega nos 45 segundos do segundo tempo e faz aquele gol que muda a história de um time. O Deus das reviravoltas.

Finalizo o meu testemunho compartilhando uma verdade que mudou a minha vida: Deus pode transformar a sua, mas você precisa dar o primeiro passo. Entenda: nossa origem não se dá no ventre de nossas mães, nem no sêmen de nossos pais. Nossa origem está na eternidade. Nosso Pai já tem nossa história traçada, pronta para ser entregue a nós, mas, muitas vezes, com escolhas erradas, deixamos os seus planos de lado.

É hora de deixar o passado para trás e seguir em frente. Albert Einstein, o físico e matemático, disse uma frase poderosa: "A mente que se abre a uma nova ideia jamais voltará ao seu tamanho original." Eu passei pelo pior deserto emocional que um ser humano pode atravessar. Vivi as mais profundas confusões mentais e as dores da alma. Mas fui liberta. A sensação é indescritível: é como se o pássaro que estava preso na gaiola finalmente pudesse respirar e voar. Hoje, não sou mais vítima; sou uma sobrevivente que agora conta sua história. Eu costumava achar um exagero a parábola de Jesus, quando ele deixou as 99 ovelhas para buscar apenas uma. Até que eu percebi: essa uma ovelha era eu.

Hoje, dou continuidade à minha jornada, agradecendo a Deus pelo processo que ainda estou vivendo. No início dessa caminhada, não conseguia enxergar a luz no fim do túnel, mas hoje Deus revelou o que Ele deseja de mim e o caminho que devo seguir. Cada área da minha vida foi entregue a Ele, e agora consigo ouvir Sua doce voz. A sensação de saber que a casa do meu coração está preenchida com Sua presença é indescritível. Ele se tornou o centro da minha vida.

Sou batizada pelo Espírito desde 2017, mas nunca havia vivido um encontro como o de hoje. É como se, por 29 anos, eu tivesse estado trancada em um quarto escuro, ouvindo apenas as vozes das pessoas e sendo moldada como uma marionete. Mas o Espírito Santo usou duas mulheres para entrar nesse quarto, simplesmente ligar o interruptor, e a luz voltou a invadir meu coração.

No versículo de João 14:6, "Eu sou o caminho, a verdade e a vida," encontramos a mais pura verdade. O que se apresenta como caminho, sem ser o verdadeiro, é um atalho. O que se apresenta como verdade, sem ser a verdadeira, é mentira. E o que se apresenta como vida, sem ser Ele, leva à morte. Ele é o Deus de reviravoltas. Ele chegou no meio do caos e fez tudo novo.

Como está escrito nas Escrituras:

"Não vos lembreis das coisas passadas, nem considereis as antigas. Eis que farei uma coisa nova, e agora ela sairá à luz; porventura, não a sabereis? Eis que porei um caminho no deserto e rios no ermo." (Isaías 43:18-19).

Essa passagem tem um significado profundo para mim, especialmente hoje, pois sinto que Deus está direcionando minha vida para novos caminhos e novas direções. Meu chamado é cuidar de pessoas que, assim como eu, viveram aprisionadas pelas emoções e feridas do passado. Minha própria vida foi, e continua sendo, um grande instrumento nas mãos do Oleiro. Ele tem me moldado e me usado para impactar vidas, transformá-las e mostrar que, assim como Ele me resgatou, também pode entrar em sua vida e realizar uma transformação completa – de dentro para fora.

Existem lugares dos quais, se Deus não nos tirar, jamais conseguiríamos sair sozinhos. Para alcançar o próximo nível, precisamos nos desconectar de ambientes que nos limitam. E, muitas vezes, é justamente nesse momento de aparente impossibilidade que Deus usa pessoas, situações e até desafios para nos salvar e escrever uma nova história.

Que você também possa experimentar essa transformação e sentir o toque divino que nos leva a um novo começo, onde tudo é possível para aquele que crê.

BIOGRAFIA

ELIZÂNGELA ARAGÃO DE SOUZA

Eu me chamo Elizângela Aragão de Souza, mas sou conhecida pelo apelido de infância "Anjinha". Nasci em 5 de junho de 1976, em Recife, Pernambuco. Sou filha de Maria Aragão dos Santos e Paulo Rodrigues dos Santos. Sou casada com Alex Ferreira de Souza há vinte e quatro anos e mãe de duas filhas, que hoje são adultas.

Minha filha mais velha, Marielly Aragão, é casada com Wanderson Silva e mãe de dois filhos, nossos netos Miguel, de 11 anos, e Alice, de 6 anos. Minha filha mais nova, Mayara Aragão, cumpre o propósito de Deus em sua carreira como psicóloga.

Eu e meu esposo somos pastores integrais há dezoito anos na nossa amada Igreja Família IEB, onde, a cada ano, somos moldados pelo Senhor para cuidar com amor de cada uma das ovelhas do Seu rebanho.

Eu não cresci em um lar cristão e não venho de uma família que me incentivasse a amar o evangelho de Cristo e Sua obra. Encontrei Jesus em 9 de novembro de 1998, em uma igreja no bairro onde morava. A partir daquela noite, todo o rumo da minha vida foi transformado ao encontrar meu Libertador, que me arrancou das trevas em que eu vivia para Sua maravilhosa luz.

Contato:
elizangelaaragao89@gmail.com

Instagram @elisouza

Fone: 81983070269

IV

DA ESCURIDÃO À LUZ

Uma Jornada de Restauração e Esperança em Jesus

> *"Jesus estava ao meu lado, chorando também, sentindo minha dor e esperando o dia em que eu o deixasse entrar na minha vida."*

ESPERANÇA: uma palavra tão simples, mas que carrega um grandioso poder. Eu sempre ouvia dizer que a esperança é a última que morre e carreguei esse bordão como uma ferramenta para viver, acreditando que, no fim, tudo estaria no seu devido lugar. Mas, na verdade, viver com essa palavra por tantos anos foi uma enorme mentira disfarçada. Eu acreditava que "eu" sempre encontraria uma solução, que, mesmo em apuros, meus próprios esforços me levariam à luz no fim do túnel.

Eu não cresci em um lar cristão; sou a segunda filha de sete irmãos, e minha adolescência e juventude foram marcadas por muita confusão, em grande parte por causa do vício em álcool do meu pai. Apesar desse grande problema, tive bons momentos ao redor da mesa com meus pais e irmãos. Nossa mesa sempre teve fartura e, durante as refeições, amigos de cada um dos filhos às vezes estavam presentes também. A casa estava cheia o tempo todo, e gostávamos desse movimento. Crescer com tanta gente ao meu redor me ensinou que as pessoas sempre serão mais importantes do que coisas.

Mesmo com a casa cheia, a mesa farta e os amigos por perto, passei minha adolescência e juventude em meio a muita turbulência. Diante das brigas constantes dos meus pais, eu, ainda criança, era quem sempre interferia, pedindo a Deus, em pensamento, que meu pai não chegasse embriagado. E, quando ele chegava, eu orava para que não houvesse brigas. Corria para minha mãe, pedindo que ela o deixasse ir dormir, para proteger meus irmãos mais novos. Assim, mesmo sendo criança, tentava encontrar uma solução. A vida foi seguindo, e eu cresci nesse cenário assustador, desenvolvendo um senso de responsabilidade que não deveria ser meu naquela idade. Sempre ajudei minha mãe a cuidar dos meus irmãos e a fazer as tarefas de casa.

Nunca tive grandes sonhos, pois acreditava que minha vida nunca seria boa, que nada mudaria. Em tempos difíceis, o sentimento de incapacidade e a ideia de que nada vai mudar geralmente encontram espaço em nosso coração. Palavras têm poder sobre nossas vidas, especialmente quando não somos guiados por algo maior. Sempre tive a tendência de me comparar com outras pessoas, achando que minhas amigas, com famílias que me pareciam melhores, eram mais felizes. O sentimento de inferioridade se fortalecia quando as amigas da minha mãe me comparavam com minhas irmãs, afirmando que elas eram mais bonitas que eu.

Apesar de ter o que basicamente consideramos fundamental para uma criança ser feliz — pai e mãe, comida, um lar —, ainda assim eu crescia com um sentimento de desprezo e escassez na alma. Sentia falta de amor e cuidado. Nunca ouvi um "eu te amo" dos meus pais, nem mesmo um elogio. Mesmo entendendo as dificuldades da vida deles, não aceitava o fato de não me sentir amada.

A busca por uma família feliz e pelo sonho de ser uma boa mãe começou a brotar no meu coração. Eu idealizava o roteiro de como seria ser mãe, e essa meta passou a ser meu objetivo de vida. Iniciei, então, uma jornada para criar, por mim mesma, uma família saudável. Mas, infelizmente, quando tomamos decisões baseadas em emoções desordenadas, o resultado dificilmente é o esperado.

Quando achei que havia encontrado a saída para dar vida ao meu plano perfeito, tudo fazia sentido. Acreditei que, mesmo me achando feia, alguém havia decidido me amar com palavras. Acreditei que seria possível viver meu sonho. Tive duas filhas, mas não cheguei a casar, e o pior aconteceu. O fim trágico, que muitas vezes espera meninas de famílias desestruturadas, me alcançou. Me vi sozinha, agora com a responsabilidade de duas crianças. Os piores pensamentos me visitavam a cada dia, e a insegurança e o sentimento de abandono só aumentavam.

Lembra que eu disse que não cresci em um lar cristão? O medo tomou conta de mim. Eu precisaria voltar para a casa dos meus pais, agora com duas crianças. Para minha surpresa, fui acolhida. E, por causa das minhas filhas, o comportamento de brigas dos meus pais foi melhorando dia após dia. Meu pai faleceu há alguns anos, mas, quando voltei para casa com as meninas, ele me chamou em um canto e disse: "Não se preocupe, sou seu pai e não vou desamparar você nem minhas netinhas." E assim ele cumpriu sua palavra até o dia de sua morte.

Fui recebida com muita alegria pelos meus irmãos, adolescentes felizes por se tornarem tios e tias. Mas ainda havia um lado escuro e tenebroso dentro de mim, pois eu sabia que seria uma fase difícil e não tinha noção do que Deus tinha preparado para mim. Precisei sair para trabalhar, afinal, agora eu era mãe e precisava sustentar minhas filhas. O tempo passou, e arrumei um emprego onde fiz amizade com um cristão. Apesar de ter um bloqueio com pessoas que se identificavam como "crentes", fiz esse amigo, que me esperava para sairmos juntos na hora do almoço. Nem sempre eu gostava, pois sabia que ele falaria sobre a Bíblia.

Num belo dia, muito amargurada, chateada e desiludida com a frustração dos planos que não deram certo, perguntei a ele: "Onde estava Jesus quando meu pai chegava bêbado e eu tinha que separar brigas? Onde estava Jesus quando fui deixada para trás com duas crianças?" Ele respirou fundo e, em lágrimas, disse: "Jesus estava ao seu lado, chorando também, sentindo sua dor e esperando o dia em que você o deixasse entrar na sua vida."

Naquele momento, desabei. Aquele confronto trouxe conforto, e uma nova esperança encontrou meu coração. Eu desejava conhecer Jesus e viver uma nova história com Ele. Comecei a querer ouvi-Lo e decidi visitar uma igreja. Naquele domingo, o pastor pregava sobre Romanos 5:1-5 (NTLH). Naquela mensagem, entendi que Jesus era minha paz, felicidade e esperança, e que eu precisaria perseverar, confiando Nele para suportar os dias ruins. Entendi que não era capaz de resolver tudo, mas que Jesus agora me conduziria.

Naquele domingo, 9 de novembro, com um bebê de nove meses nos braços e uma criança de cinco anos segurando minha mão, caminhei em direção ao altar e, decidida, disse: "Para nunca mais voltar, sustenta-me com essas crianças, Jesus, na Tua presença." Naquele momento, tive uma única certeza: eu não viveria mais sem Jesus. Só conseguia pedir a Deus que, por favor, não permitisse que eu voltasse a viver sem Ele. Sabia que, a partir daquela noite, nada mais seria o mesmo.

Querido leitor,

Espero que minha história tenha tocado seu coração de alguma forma. Sei que a jornada da vida nem sempre é fácil, mas posso dizer com toda a certeza que, quando entregamos nossos passos a Jesus, Ele transforma nossa dor em propósito e nossas lágrimas em esperança.

Se você, assim como eu, já se sentiu perdido, desamparado ou incapaz, saiba que há um Deus que nunca desistiu de você. Ele está ao seu lado, esperando o momento em que você abrirá seu coração para Ele. Minha oração é que, através destas páginas, você encontre inspiração para confiar em Jesus e deixar que Ele seja o autor da sua nova história.

Com amor e fé,

Elizângela Aragão de Souza

BIOGRAFIA

ANA CLARA SELMAN

Ana Clara Selman S. da Silva é esposa de Josimário, com quem compartilha uma união abençoada há 40 anos. Juntos, edificaram uma família alicerçada na fé e no amor, sendo pais de Ana Rebeca, Jaziel Lucas e Israel Matias, e avós dedicados de Ana Esther, João Matheus e da querida neta de coração, Elisa Gabriela.

Com uma carreira enriquecida pela busca constante do saber, Ana Clara é pedagoga especializada em Psicopedagogia Clínica e Institucional, além de possuir formações em Aconselhamento Cristão, Capelania e Educação a Distância para Docentes e graduada do Haggai em Liderança Cristã. Atualmente, dedica-se ao estudo da Missiologia como mestranda, aprofundando seu compromisso com a obra do Senhor.

Aos 12 anos, em meio aos desafios vividos por sua família, Ana Clara teve um encontro transformador com Jesus. Desde então, sua vida tem sido guiada pela fidelidade e obediência aos caminhos do Senhor. Sua trajetória profissional reflete sua vocação: educadora apaixonada, atuou como professora, orientadora educacional e diretora do Colégio Batista Nova Sião.

Hoje, congrega na Igreja Batista Nova Sião, em Senhor do Bonfim, Bahia, onde continua servindo a Deus com fervor e dedicação.

Contatos

E-mail: ana_clara_selman@hotmail.com

Telefone: (74) 99110-7569

Instagram: @anacsss

V

ALMA VALENTE: GUARDIÃ DE SENTIMENTOS E ESPIRITUALIDADE

RESERVAS

> *"Eu passei pelo deserto, mas agora estou alcançando o oásis."*

"Vocês me procurarão e me acharão quando me procurarem de todo o coração." — Jeremias 29:13

Quando buscamos ao Senhor com sinceridade e inteireza de coração, Ele sempre se deixa encontrar. A vida pode estar tranquila, seguindo seu curso natural, mas, de repente, uma reviravolta inesperada acontece, desafiando-nos profundamente. Foi em um momento assim que percebi a importância das reservas espirituais que acumulei ao longo da minha caminhada cristã.

Diante disso, escolhi abordar duas áreas essenciais para enfrentar os dias difíceis: a reserva espiritual e a reserva emocional. Embora existam outras reservas significativas na vida, quero concentrar-me nessas duas, pois acredito que são fundamentais para lidarmos com as adversidades que inevitavelmente surgem.

Estar preparada tanto espiritual quanto emocionalmente é indispensável, pois as tempestades da vida não nos perguntam se estamos prontos. Elas simplesmente chegam, exigindo respostas que revelam quem realmente somos em Cristo Jesus. Quem somos longe dos olhares alheios, dentro de nossas casas, no meio de um furacão, quando ninguém está nos observando?

Os desertos da vida são períodos desafiadores, mas também oportunidades únicas de intimidade com Deus. São temporários, ainda que muitas vezes pareçam intermináveis. Contudo, é justamente nesses momentos que o Senhor trabalha em nossas vidas, moldando-nos e fortalecendo-nos.

"O Senhor é bom, é fortaleza no dia da angústia e conhece os que nele se refugiam." — Naum 1:7

Este versículo é um testemunho vivo da bondade de Deus. Ele é nossa fortaleza e conhece profundamente aqueles que Nele confiam. Posso afirmar com convicção que experimentei essa verdade em minha própria vida. O socorro do Senhor sempre chega — do jeito e no tempo perfeitos d'Ele.

Por isso, precisamos aprender a descansar em Deus. Descansar é muito melhor do que desistir. Quantas vezes, por imaturidade, desistimos, quando poderíamos ter simplesmente descansado no Eu Sou? Olhando para as nossas rotinas diárias, é comum encontrarmos listas repletas de verbos como: "ler", "comprar", "preparar", "estudar", "resolver". Mas, infelizmente, quase não há espaço para os verbos da alma: "orar", "meditar", "silenciar", "descansar", "contemplar".

O braço do Senhor não está encurtado. Ele nos convida a esperar Nele, a confiar em Seu tempo e a encontrar descanso em Sua fidelidade.

ESPIRITUAL

Já enfrentei momentos de escuridão profunda, rejeição e adversidades que abalaram meu espírito e tiraram meu fôlego. Situações que me levaram a encarar o espelho e perguntar a Deus quem eu realmente era, qual era minha identidade, onde tinha errado e o que havia feito para enfrentar tamanha provação. Em meio a tudo isso, meu Pai se revelou de forma ímpar e pessoal. Hoje, quero compartilhar uma das experiências mais recentes e desafiadoras que estou enfrentando com minha família.

"O Senhor está perto dos que têm o coração quebrantado e salva os de espírito abatido." — Salmos 34:18

Davi, ao longo de sua vida, experimentou altos e baixos intensos, mas nunca deixou de reconhecer a presença de Deus em meio às circunstâncias que enfrentava. Assim como ele, eu também tive meu momento de enfrentar uma notícia que mudaria completamente o rumo da minha vida.

Era uma terça-feira, 27 de fevereiro de 2024. Estava em casa quando meu esposo chegou do culto, acompanhado de nossos filhos. Durante uma chamada de vídeo com nosso filho que mora em Salvador, ele me disse: "Você foi diagnosticada com câncer de mama triplo negativo."

A Palavra nos assegura que *"todas as coisas cooperam para o bem daqueles que amam a Deus"* (Romanos 8:28). Com serenidade, meu esposo acrescentou: "Estamos e estaremos ao seu lado durante todo o tratamento."

Confesso que fiquei paralisada. Meu corpo tremia, as lágrimas rolavam pelo meu rosto, e eu me encolhia na cama como se quisesse fugir daquela realidade. Era difícil aceitar. Sempre imaginamos que essas coisas podem acontecer com qualquer pessoa, menos conosco.

Foram dias difíceis de processar. A notícia soou como uma bomba, um tsunami, arrasando minha rotina. Minha vida estava organizada, cheia de eventos na igreja, com o XVII Encontro de Mulheres já programado, compromissos e viagens marcados. Tudo parecia desmoronar.

Na primeira consulta, a médica foi direta: "Você tem um câncer triplo negativo. Não há um medicamento específico para este tipo de câncer. Precisaremos iniciar um tratamento intenso imediatamente. Pare tudo o que está fazendo e foque na sua saúde."

O desconhecido traz medo, angústia e incertezas. Porém, em meio a esse desespero, lembrei-me das promessas de Deus, que me trazem esperança. Compartilhei minha situação com irmãos e irmãs de oração, que intercederam ao Pai por mim. Suas palavras de encorajamento renovaram meu ânimo, e foi nesse momento que percebi quem realmente estava ao meu lado.

Jesus nos encontra na dor. Ele chora com quem chora e caminha conosco até o lugar da nossa ferida. Lancei meu fardo pesado sobre o Pai, e Suas promessas começaram a encher meu coração de certeza e paz.

"Eu disse isso para que em mim vocês tenham paz. Neste mundo, vocês terão aflições; contudo, tenham coragem! Eu venci o mundo." — João 16:33

Estava vivendo um dia mau, repleto de pensamentos que abalavam minha alma. Contudo, em oração, busquei refúgio no secreto do Pai. Chorei, descansei e alinhei meu coração com o Dele. Não foi fácil, mas Deus foi moldando minha vida, como um construtor que ajusta cada tijolo para erguer uma obra perfeita.

Num domingo de ceia, meu esposo e eu decidimos compartilhar a notícia com a igreja. Fomos acolhidos com amor. Eles organizaram um relógio de oração, cobrindo 24 horas por dia. Essa corrente de fé me sustentou. Mesmo afastada fisicamente por causa do tratamento, continuei buscando ao Senhor e ouvindo Sua voz em meio às tempestades.

Em vez de questionar o porquê da enfermidade, busquei compreender o propósito. O que Deus queria me ensinar? Como Ele estava me ressignificando? Foi nesse processo que me tornei uma mulher ainda mais fortalecida no Senhor, alinhada ao Seu propósito eterno.

"Todavia, lembro-me também do que me pode dar esperança." — Lamentações 3:21

A esperança em Cristo é a âncora da alma, o combustível que nos impulsiona quando tudo parece perdido. E assim como o profeta Jeremias respondeu ao rei, posso afirmar: "Sim, há uma palavra da parte do Senhor para você."

Independentemente da situação pela qual estejamos passando, há sempre uma palavra do Eterno para nós. Deus continua falando, e Ele tem falado comigo. Por isso, não podemos andar com o tanque vazio de esperança.

Infelizmente, muitos hoje abandonaram a caminhada. Pararam de lutar, de ouvir a voz de Deus e de crescer espiritualmente. Deixaram de congregar, de orar, de exercer a generosidade e de manter a comunhão com os irmãos. Preferiram o isolamento.

Desistir não é uma opção para quem deseja morar na eternidade com Jesus. Pense em José: o que teria acontecido se ele tivesse parado de sonhar? E Abraão? O que teria sido dele se não tivesse mantido a esperança viva?

"Abraão, contra toda esperança, em esperança creu, tornando-se, assim, pai de muitas nações, como foi dito a seu respeito: 'Assim será a sua descendência." — Romanos 4:18

A esperança em Jesus traz o céu à terra. Faz o impossível acontecer. Deus abre nossos olhos espirituais, e o que parecia inalcançável começa a se aproximar. Quando vivemos pela esperança, o tempo deixa de ter a importância que antes lhe dávamos. Deus, conhecido como o Deus da esperança, transforma a perspectiva daqueles que O buscam. Sem esperança, enfrentamos barreiras em nosso relacionamento com Ele, com os outros e até conosco mesmos.

A falta de esperança nos rouba a confiança em Cristo. Ela nos leva a viver com medo, ansiedade e desespero, sem nenhuma perspectiva de uma vida plena no Senhor. Não podemos esconder de Deus aquilo que Ele já conhece profundamente. Como filhas amadas, somos chamadas a experimentar o coração do Pai com profundidade e intimidade. É impossível viver pela fé quando o medo sobrecarrega nossa alma e espírito.

O reverendo Martin Luther King Jr. uma vez declarou: "Eu tenho um sonho!" Ele não permitiu que as adversidades frustrassem seus planos; em vez disso, cultivava a esperança. Hoje, porém, a ansiedade tem roubado sonhos e a alegria de muitas pessoas. Ela nos impede de celebrar a vida e nos afasta das pequenas coisas que realmente importam: um abraço carinhoso, um cheiro familiar, olhares que confortam, um aperto de mão sincero ou uma palavra amiga dita com verdade.

Precisamos vigiar contra a ansiedade, pois ela nos conduz a uma vida fútil, baseada em sofismas e ilusões. Buscamos refúgio em coisas passageiras como fama, status e notoriedade. Contudo, o Senhor nos ensina que o objetivo final da vida não deve ser agradar a homens, mas sim ao próprio Deus.

Nas muitas idas e vindas a Salvador para o tratamento, eu e meu esposo choramos e oramos juntos, clamando para que o Eterno nos desse graça, força e coragem para vencer essa jornada sem murmurações. Nosso Deus é tão criativo que, ao mesmo tempo que tratava comigo, trabalhava também na vida do meu esposo. Ele, sempre tão ativo, precisou aprender a pausar. Costumava atender inúmeras pessoas no gabinete pastoral, organizar projetos sociais e participar de eventos nas cidades da região. De repente, teve que adiar compromissos, delegar responsabilidades e desacelerar para me acompanhar de perto.

Muitas vezes, nossas orações eram simples: "Ajuda-nos, Senhor!"

A quimioterapia e a imunoterapia consumiam entre cinco e seis horas diárias, e lá estava ele, sentado ao meu lado. Deus estava moldando tanto a minha vida quanto a dele.

Foi nos ambientes mais difíceis, rodeados por rostos sofridos e olhares temerosos, que percebemos a fragilidade da vida. Descobrimos que somos apenas um sopro, como nos lembra Jó:

"Lembra-te, ó Deus, de que a minha vida não passa de um sopro."
— Jó 7:7

Vi crianças, jovens e idosos enfrentando o tratamento. Chorei muitas vezes ao observar aquelas faces pálidas e entristecidas, como se a vida estivesse se esvaindo. Essa doença não escolhe idade, cor ou condição financeira. É um golpe que nos faz perceber como, muitas vezes, nos apegamos a coisas sem importância. Passamos por cima de pessoas como um rolo compressor, sem nos darmos conta de que as ferimos e também somos feridas.

Fiz o painel genético para investigar se o câncer tinha origem hereditária. O resultado deu negativo. O que isso me mostrou é que, ao longo da vida, vamos acumulando sentimentos como amargura, medo, falta de perdão, tristeza e decepções. Esses pesos emocionais, quando não tratados, acabam somatizando e podem se manifestar em doenças físicas.

Essa reflexão me levou à parábola das dez virgens, em Mateus 25:1-13:

1 Então, o reino dos céus será semelhante a dez virgens que pegaram as suas lâmpadas e saíram para encontrar-se com o noivo.
2 Cinco delas eram insensatas, e cinco, prudentes.
3 As insensatas pegaram as suas lâmpadas, mas não levaram óleo.

4 As prudentes, porém, além das lâmpadas, levaram óleo nas vasilhas.

5 O noivo demorou a chegar, e todas ficaram com sono e adormeceram.

6 À meia-noite, ouviu-se um grito: "O noivo se aproxima! Saiam ao encontro dele!"

7 Então, todas as virgens acordaram e prepararam as lâmpadas.

8 As insensatas disseram às prudentes: "Deem-nos um pouco de óleo, pois as nossas lâmpadas estão se apagando."

9 Elas responderam: "Não, pois pode ser que não haja o suficiente para nós e para vocês. Vão comprar óleo para vocês."

10 Saindo elas para comprar óleo, chegou o noivo. As virgens que estavam preparadas entraram com ele para o banquete nupcial. E a porta foi fechada.

11 Mais tarde, chegaram também as outras e disseram: "Senhor! Senhor! Abre-nos a porta!"

12 Ele, porém, respondeu: "Em verdade lhes digo que não as conheço!"

13 Portanto, vigiem, pois vocês não sabem o dia nem a hora.

Essa passagem é um convite à vigilância espiritual. Assim como as virgens prudentes mantinham suas lâmpadas abastecidas com óleo, precisamos cuidar do nosso coração e mantê-lo cheio do Espírito Santo. Não podemos nos permitir ser dominados por sentimentos destrutivos que nos afastam de Deus e adoecem nossa alma e corpo.

A doença me ensinou que o tempo é precioso, e a vida, embora passageira, é uma oportunidade de alinharmos nosso coração com o do Pai. Devemos estar prontas, com nossas lâmpadas acesas, vivendo cada dia em comunhão com Ele e servindo com gratidão e propósito.

Esse texto nos ensina sobre a importância das reservas espirituais. As virgens prudentes tinham o óleo necessário para esperar o noivo, mesmo que Ele tardasse. Na vida de um discípulo de Jesus, essas reservas não podem faltar, pois não sabemos quanto tempo nossa jornada aqui na terra irá durar. Pode ser curta ou longa, mas o fato é que precisamos estar preparadas para qualquer circunstância.

Inicialmente, pode ser difícil distinguir entre as virgens prudentes e as insensatas, mas chega o momento em que essa diferença se torna inegável: quando as lâmpadas se apagam. É nessa hora que as reservas fazem toda a diferença. E essas reservas são pessoais, conquistadas dia após dia em comunhão com Deus.

Como diz o sábio em Eclesiastes:

"Esteja sempre vestido de roupas brancas e unja sempre a sua cabeça com óleo." Eclesiastes 9:8

Que o Senhor nos dê força e coragem para enfrentar os inimigos, em qualquer época ou circunstância. Como está escrito em Miqueias:

"Levanta-te e debulha, ó filha de Sião, porque farei de ferro o teu chifre e de bronze, as tuas unhas; e esmiuçarás a muitos povos, e o seu ganho será dedicado ao Senhor, e os seus bens, ao Senhor de toda a terra." Miqueias 4:13

Estamos em uma batalha espiritual e não podemos negligenciar nossa fé em Cristo Jesus. Não devemos desviar os olhos Dele, nem por um minuto. O autor de Hebreus nos exorta:

"Tendo os olhos fitos em Jesus, autor e consumador da nossa fé. Ele, pela alegria que lhe fora proposta, suportou a cruz, ao desprezar a vergonha, e assentou-se à direita do trono de Deus." Hebreus 12:2

Apesar de todas as reações físicas que enfrentei — inchaço, alopecia, unhas das mãos e dos pés escurecidas, dormência nas extremidades e uma fadiga tão intensa que, às vezes, nem conseguia me levantar da cama — meu espírito permaneceu equilibrado. Eu sabia em quem depositava minha confiança: o Senhor dos Senhores, o Deus Todo-Poderoso, o Deus de cura.

Mesmo nas minhas fraquezas, senti segurança, pois estava alinhada aos propósitos de Deus. Porém, é necessário ter muito cuidado para não cair na tentação de pensar que estamos sozinhas ou que Deus, sendo Santo e Poderoso, não compreende nossos momentos de fragilidade. Devemos lembrar que Ele sofreu e passou por provações para sentir o que nossos corações também sentem.

Ao longo do processo, versículos inundavam minha alma, trazendo conforto e força. Muitas vezes, precisei ordenar à minha alma e ao meu espírito que ouvissem e obedecessem à voz do Senhor.

"Por isso, não tema, pois estou com você; não tenha medo, pois sou o seu Deus. Eu o fortalecerei e o ajudarei; eu o segurarei com a destra da minha justiça." Isaías 41:10

"O Senhor é quem te guarda; o Senhor é a tua sombra à tua direita." Salmos 121:5

É fundamental mantermos uma vida diária de oração, leitura da Palavra, jejum, louvores e exercitarmos o perdão constantemente. Viver com raiva é fácil, mas perdoar exige esforço e graça divina. Sabemos que o perdão não é algo natural; ele é divino. Não somos capazes de oferecer perdão a alguém por nossas próprias forças — apenas o Eterno pode nos conceder essa capacidade.

Perdoamos porque Deus nos perdoou, e também porque Ele nos ordenou a fazê-lo. Jesus nos ensinou sobre a necessidade de perdoar sempre, pois a vida nos oferece tanto experiências boas quanto negativas. Para que nossos relacionamentos não sejam rompidos, precisamos cultivar um espírito perdoador.

A pessoa que se recusa a perdoar e guarda raiva, rancor, ressentimento, tristeza ou amargura é atormentada por esses sentimentos. Esses sentimentos são nocivos e nos afastam de uma vida plena em Cristo. Entendo que perdoar não significa esquecer, mas sim lembrar sem sentir dor. O perdão não é apenas um sentimento, mas um mandamento de Deus. Muitas vidas têm sido destruídas pela falta de perdão.

Um exemplo poderoso sobre o perdão está registrado no livro de Filemom. Essa breve carta narra a história de Onésimo, um escravo que fugiu da casa de seu senhor, Filemom, e foi preso na mesma prisão onde estava o apóstolo Paulo. Durante esse tempo, Onésimo conheceu Cristo por meio de Paulo e teve sua vida transformada. Após ser liberto, Onésimo voltou à casa de Filemom, não mais como escravo, mas como irmão em Cristo.

Essa história revela o valor do perdão e da reconciliação. Onésimo precisava reparar um erro do passado. Sua transformação espiritual não eliminava sua responsabilidade de consertar o que havia feito de errado. Paulo, com sabedoria, promoveu a reconciliação entre Filemom e Onésimo, mostrando que, mesmo após nos reconciliarmos com Deus, ainda precisamos nos reconciliar com nossos irmãos.

Às vezes, perdoar significa renunciar, abrir mão, soltar, deixar ir. Isso é perdão. Um sábio disse:

"Deixar de perdoar é tomar veneno e esperar que o outro morra."

O princípio do perdão é andar a segunda milha. Jesus nos ensina:

"Quando estiverem orando, se tiverem alguma coisa contra alguém, perdoem-no, para que também o Pai celestial perdoe as transgressões de vocês." Marcos 11:25

"Não julguem, e não serão julgados. Não condenem, e não serão condenados. Perdoem, e serão perdoados." Lucas 6:37

Que possamos viver de acordo com esse princípio, permitindo que o perdão nos liberte e nos aproxime mais de Deus e de nossos irmãos.

Devemos estar atentas e nunca deixar a candeia vazia. Precisamos manter nosso azeite suficiente para os dias maus e escuros, quando não conseguimos enxergar a luz. Ter a candeia cheia de azeite significa estar preparadas, espiritualmente fortalecidas, para enfrentar as adversidades. Ainda que o inimigo tente nos abater e nos envolver na escuridão, ele não terá sucesso, porque o Senhor é a nossa luz e salvação.

Amo o versículo que diz:

"A alegria do Senhor é a minha força." — Neemias 8:10

Esse versículo nos lembra que, mesmo quando choramos ou nos sentimos tristes e angustiadas, a alegria que vem do Senhor transcende o natural. É uma força divina que nos sustenta, mêsmo em meio às lágrimas. Por essa alegria, conseguimos ver Deus realizando maravilhas, abrindo portas e nos abençoando de forma indescritível. É por Ele e para Ele que vivemos.

EMOCIONAL

Quando falamos do emocional, parece que enfrentamos uma avalanche de sentimentos. O coração acelera como se fosse sair pela boca, as pernas tremem, e a boca fica tão seca que palavras quase não saem. Essas reações são reais e intensas, mas o que nos diferencia é quem está no controle de nossas vidas.

Se não fosse o Deus Eterno sustentando-me e o apoio amoroso dos meus familiares, não sei o que teria acontecido. Sem intimidade com Deus e conhecimento da Palavra, uma mulher poderia se desesperar, agir impulsivamente, mutilar-se ou cair em um estado emocional ainda mais devastador.

Não temos escolha sobre as circunstâncias que enfrentaremos. Não sabemos se será um mar revolto ou uma calmaria, uma montanha íngreme ou uma planície tranquila. Mas há algo que podemos escolher: onde permaneceremos. Nossa estabilidade não vem de uma ausência de lutas ou de emoções inconstantes, mas do lugar onde nos colocamos — aos pés de Jesus.

Mais uma vez, dobrei meus joelhos e orei para que minha alma e minhas emoções se sujeitassem à vontade do Senhor.

"Oro para que, segundo as riquezas da sua glória, ele os fortaleça poderosamente no íntimo por meio do seu Espírito." Efésios 3:16

Em momentos de crise emocional, lembremo-nos de que Deus é a nossa fortaleza. Ele nos sustenta em meio às tempestades, e é n'Ele que encontramos força, paz e renovação para continuar.

O apóstolo Paulo se ajoelhou diante do Senhor, pedindo que Ele fortalecesse o íntimo dos crentes em Éfeso. Essa oração revela uma necessidade profunda e urgente: sermos renovados e fortalecidos no nosso ser interior. Precisamos compreender a profundidade dessa intercessão, pois é uma das mais importantes que podemos fazer.

Nosso íntimo — a alma — é composto por nossa mente, emoções e vontade. É nesse lugar que nos conectamos e interagimos diretamente com Jesus. Pode parecer incomum para alguns, mas é essencial concentrarmos parte de nossas orações no fortalecimento do nosso interior. Devemos pedir ao Espírito Santo que nos transforme e nos fortaleça por dentro, moldando nossa alma à imagem de Cristo.

Precisamos ser intencionais em orar pelo desenvolvimento de nosso coração no poder de Deus, buscando crescer na nossa conexão com o Espírito Santo. Quando alinhamos nosso íntimo à vontade de Deus, encontramos paz e estabilidade em meio às tempestades.

"E a paz de Deus, que excede todo o entendimento, guardará o vosso coração e a vossa mente em Cristo Jesus." — Filipenses 4:7

Orar a Palavra de Deus não apenas traz entendimento, mas também guarda nosso coração e nossa mente. Assim, nossas emoções deixam de ser guiadas pelos altos e baixos da vida e passam a ser conduzidas pelo Espírito Santo. Isso nos protege de sermos dominadas por ansiedade, desespero, rejeição ou medo. Quando pedimos ao Senhor paz e alegria em áreas específicas, Ele é fiel para nos conceder essas dádivas.

Deus deseja nos abençoar com força e poder em nosso íntimo, mas Ele espera que clamemos por esse fortalecimento. Essa força emocional é essencial para caminharmos em retidão e sermos testemunhas do amor de Cristo no mundo.

Embora já tenhamos resolvido o maior problema da vida — a questão da salvação e da vida eterna —, ainda enfrentamos muitos desafios diários: criar os filhos, lidar com problemas conjugais, questões profissionais, dificuldades financeiras e tantas outras situações.

O que precisamos lembrar, como filhas amadas do Senhor, é que há mais de sete mil promessas escritas na Palavra de Deus para nossas vidas. E essas promessas são firmes, porque Deus tem o controle absoluto de todas as coisas. Nada, absolutamente nada, foge do Seu poder soberano.

Muitas vezes, as promessas não se cumprem porque paramos de buscar a presença do Senhor. O desânimo e a falta de coragem nos roubam a perseverança necessária para vermos a vitória se manifestar. Eu mesma passei por momentos de medo tão intensos que parecia impossível continuar. Havia dias em que nem me reconhecia. Mas, ao me entregar nas mãos de Deus, Ele me acolheu. Sentia Suas mãos me acalmando e me dando força para seguir em frente.

Uma vida de oração constante nos leva a um nível mais profundo de intimidade com Deus. A oração alinha nosso coração ao coração do Pai, ajusta nossos pensamentos e renova nossas forças. É nesse lugar de comunhão que os olhos do nosso espírito começam a enxergar o que ninguém mais percebe. Passamos a discernir com mais clareza a voz de Deus e a compreender Sua vontade para nossas vidas.

Infelizmente, muitas mulheres permitem que o barulho do mundo abafe a voz de Deus. Isso as leva a decisões impulsivas e escolhas mal direcionadas, cujas consequências podem durar uma vida inteira. Esses "ruídos" nos afastam da centralidade de Cristo e do propósito que Ele tem para cada uma de nós.

A Palavra de Deus nos alerta sobre a natureza enganosa do coração humano:

"O coração é mais enganoso que qualquer outra coisa, e a sua doença é incurável. Quem é capaz de compreendê-lo?" — Jeremias 17:9

Por isso, não podemos ser guiadas por nossas emoções, mas sim pelo Espírito Santo. Somente Ele pode transformar nosso coração e alinhá-lo à vontade perfeita de Deus. É vivendo nesse lugar de rendição e dependência que experimentamos a verdadeira paz e plenitude em Cristo Jesus.

Isso significa que nossas emoções podem nos enganar. Não podemos ser guiadas por elas, especialmente nas horas de turbulência que a vida nos faz atravessar. Em momentos difíceis, é essencial ter esperança, aprender a esperar e descansar no Pai. Mas, acima de tudo, precisamos manter nossos ouvidos espiritualmente afinados para ouvir a voz de Deus e reconhecê-la como a do nosso Senhor.

Você já refletiu sobre o que você pensa? Reconhece que seus pensamentos têm poder? O apóstolo Paulo nos ensina:

"Pois quem conheceu a mente do Senhor, para que possa instruí-lo? Nós, porém, temos a mente de Cristo." — 1 Coríntios 2:16

Seguir o conselho de Paulo não se trata de simplesmente praticar o pensamento positivo, mas de fixar nossos pensamentos em Deus e cultivar a mente de Cristo. Quando fazemos isso, somos capacitados a vencer as batalhas que enfrentamos, obtendo o fortalecimento espiritual e emocional de que precisamos.

O Mar da Galileia, em Israel, é conhecido por suas tempestades violentas e repentinas. Ventos fortes surgem do nada, ameaçando os marinheiros, como vemos no livro de Marcos:

"Jesus estava na popa, dormindo com a cabeça sobre um travesseiro. Os discípulos o acordaram e clamaram: — Mestre, não te importas se morrermos?" — Marcos 4:38

Quando Jesus estava atravessando o Mar da Galileia, uma tempestade surgiu de repente, aterrorizante, deixando os discípulos com medo. Isso nos lembra que tempestades podem surgir em nossas vidas a qualquer momento, trazendo desafios inesperados. Podemos fazer essa mesma pergunta de forma diferente, hoje, ao nos depararmos com as adversidades:

"Jesus, não te importa que minha saúde esteja fragilizada?"

"Jesus, não te importa que minhas finanças estejam se esgotando?"

"Jesus, não te importa que meu relacionamento esteja em frangalhos?"

Mas, como sempre, Ele responde:

"Ele se levantou, repreendeu o vento e disse ao lago: — Aquiete-se! Acalme-se! O vento se aquietou, e tudo ficou calmo." — Marcos 4:39

Depois, Ele perguntou aos discípulos:

"Por que vocês estão com tanto medo? Ainda não têm fé?" — Marcos 4:40

Jesus, que acalma as tempestades, também é o Senhor que nos traz paz em meio às nossas tempestades pessoais. Ele não nos abandona nas adversidades, mas nos convida a confiar Nele, a entregar nossos medos e ansiedades a Ele. Mesmo quando as situações parecem sem esperança, Jesus é a nossa esperança, e Ele tem o poder de transformar qualquer situação de crise em uma oportunidade de crescimento e fortalecimento na fé.

Jesus não se juntou aos discípulos no medo. Mesmo quando enfrentamos desafios que podem nos esmagar, desorientar, aterrorizar e até partir o coração, Deus não nos abandona. Ele se importa profundamente conosco e com as situações que nos atingem. Não estamos à deriva, sem orientação; o nosso comandante está no barco.

Muito tempo se passou desde aquele episódio no Mar da Galileia, mas o Todo-Poderoso continua o mesmo, sempre presente, em todo o tempo, pronto para agir em nosso favor. Mesmo nas tempestades da vida, Ele permanece ao nosso lado, nos guiando com Sua mão firme e amorosa.

Hoje, estou na fase final do meu tratamento. Fui fortalecida por Deus através de 12 quimioterapias brancas, 4 vermelhas, 15 sessões de radioterapia e 3 cirurgias. Na última cirurgia, foram removidos 3 linfonodos e material para biópsia, e, para a glória de Deus, não há mais células cancerígenas no meu corpo. Agora, sigo apenas cumprindo o protocolo de acompanhamento.

Passei pelo deserto, mas hoje posso ver o oásis. A paz que excede todo entendimento tem guardado o meu coração e a minha mente, e eu reconheço a presença de Deus em cada etapa da minha vida.

Querido leitor, ao chegarmos ao fim desta jornada, quero que você saiba que, assim como eu Ana Clara, cada um de nós pode passar por momentos de dor, dificuldade e desespero, mas é no meio das tempestades que Deus revela Seu poder transformador. Ele nunca nos abandona. Mesmo quando a vida parece desmoronar, a presença de Deus é constante, oferecendo-nos força, esperança e direção.

Eu passei por um deserto, mas ao final, eu alcancei o oásis — e essa história é para você também. Você não está sozinho nas suas lutas. Deus está com você, caminhando ao seu lado, fortalecendo sua fé e restaurando sua alma. O inimigo pode tentar te desviar, mas Deus sempre se levanta para acalmar as tempestades da sua vida. Ele tem o controle de todas as coisas, e não importa quão grande seja a sua batalha, Ele é maior.

"Deixo com vocês a paz; a minha paz dou a vocês. Não a dou como o mundo a dá. Não se perturbe o coração de vocês, nem tenham medo." — João 14:27

Essa paz é a que você pode carregar todos os dias, independentemente das circunstâncias. Acredite, assim como eu, você também pode experimentar a cura, a restauração e a vitória. Sua história não termina na luta, mas começa na esperança, porque com Deus, o melhor ainda está por vir.

Você é amado. Você é forte. Você é mais do que vencedor em Cristo Jesus. Continue firme, continue orando, continue crendo. O Senhor te guiará até o oásis, e lá você verá Sua glória sendo revelada.

BIOGRAFIA

DEUSELENE SANTOS

Sou uma mulher de espírito resiliente, psicóloga e empreendedora, cuja trajetória é marcada por superação, autoconhecimento e transformação. Aos 41 anos, sou mãe de três filhos e atualmente vivo em Portugal, onde continuo minha missão de promover o desenvolvimento pessoal e impactar positivamente a vida das pessoas.

• • •

Formada em Psicologia, também sou empreendedora e atualmente estou desenvolvendo o projeto Café c/ Terapia, uma ideia inovadora que combina um ambiente acolhedor de cafeteria com o apoio terapêutico, proporcionando um espaço de escuta e reflexão. Em breve, o projeto será inaugurado em Portugal e no Brasil, reforçando minha paixão por ajudar as pessoas a se conhecerem melhor e encontrarem caminhos para uma vida mais plena e equilibrada.

Com um olhar atento à saúde emocional e ao autoconhecimento, sigo firme em minha missão de transformar vidas, seja por meio da psicologia ou do meu projeto de empreendedorismo social, sempre buscando criar conexões genuínas e significativas.

E-mail: lennysantos8898@gmail.com

Instagram: @lennysantos.fr

Tel: 21976932343

Facebook: facebook.com/LennySantos

VI

RESSIGNIFICANDO A DOR

Uma Jornada de Superação, Transformação e Autoconhecimento

> *"A dor não define quem você é, mas pode ser o ponto de partida para sua transformação."*

MINHA HISTÓRIA:
DOR, SUPERAÇÃO E RENASCIMENTO

Neste livro, compartilho minha trajetória de dor, superação e renascimento. A história de uma mulher que, após enfrentar um mar de dificuldades, aprendeu a se acolher e, assim, transformou sua vida. Acredito que todos podemos reescrever nossas histórias, independentemente de onde começamos. O processo de transformação é possível quando nos permitimos acolher, aprender e crescer.

O INÍCIO DA JORNADA: MATERNIDADE, REJEIÇÃO E AUTOCONHECIMENTO

Minha vida mudou completamente quando me tornei mãe pela primeira vez. Jovem e sem o apoio de um parceiro, ainda tive que lidar com a ausência de afeto da minha própria mãe. Cresci em um ambiente emocionalmente frio, o que me fez questionar meu valor por muito tempo. A dor da rejeição era uma sombra constante.

No entanto, ser mãe me deu uma nova perspectiva. Para ser a mãe que meus filhos precisavam, eu precisava aprender a me acolher. Não podia esperar validação externa; era essencial aceitar minhas imperfeições. Esse foi meu primeiro passo em direção ao autoconhecimento. A maternidade revelou a força que eu desconhecia em mim mesma.

A VIDA E SUA JORNADA IMPREVISÍVEL

A vida não segue uma linha reta. Ela é repleta de altos e baixos, curvas inesperadas e momentos de queda. Para mim, essa jornada foi longa e difícil, por vezes incompreensível. Durante anos, carreguei um peso imenso, marcado por cicatrizes invisíveis, e me perdi de mim mesma. Mas havia uma chama dentro de mim que nunca se apagou: a esperança de que as coisas poderiam melhorar, de que eu poderia recomeçar.

REESCREVENDO MINHA HISTÓRIA:
A DOR COMO FONTE DE CRESCIMENTO

Por anos, vivi com o peso da dor emocional, acreditando que a vida era um ciclo interminável de sofrimento. Aos poucos, percebi algo transformador: a dor, por mais insuportável que fosse, poderia ser a chave para minha evolução.

Com a ajuda da psicologia, entendi que não podemos controlar as circunstâncias que nos causam dor, mas podemos escolher como reagir a elas. A dor tornou-se minha professora, e ressignificá-la foi essencial para mudar minha perspectiva. A partir dessa nova visão, aprendi que o sofrimento, quando acolhido, pode ser uma poderosa ferramenta de transformação.

Enfrentando a depressão: o processo de autodescoberta

Por muitos anos, a depressão foi uma sombra constante. Sem entender o que estava acontecendo comigo, achava que era apenas uma fase. Busquei alívio na automutilação e, em um momento de desespero, tentei acabar com minha própria vida.

Hoje, como psicóloga recém-formada, entendo que o suicídio raramente é sobre querer morrer, mas sim sobre querer acabar com a dor. Compreender isso foi crucial para minha jornada de cura.

A virada: psicologia, conhecimento e resiliência

A psicologia sempre me fascinou, mas parecia algo distante, algo que eu jamais poderia alcançar. No entanto, em 2018, decidi mudar. Mesmo com todas as inseguranças, dificuldades financeiras e responsabilidades de ser mãe, percebi que minha vontade de fazer a diferença na vida das pessoas era maior do que qualquer obstáculo.

Foi em 2020 que dei um dos passos mais desafiadores da minha vida: fiz minha matrícula na faculdade de psicologia com apenas 100 reais. Sem saber como pagaria o restante, tomei a decisão de parcelar esse valor em 10 vezes, com a única certeza de que "só vai" seria o meu lema. Esse pequeno ato de fé marcou o início da minha jornada na psicologia.

A psicologia me deu ferramentas para dar sentido à minha dor. Cada teoria e conceito que aprendi me ajudaram a entender melhor a mim mesma e o que estava acontecendo dentro de mim. O conhecimento que adquiri me permitiu lidar com minhas emoções, desenvolver resiliência e construir inteligência emocional. Minha dor passou a ter um propósito: me fortalecer, me redescobrir e crescer.

Essa virada de chave me impulsionou a expandir meus horizontes e desafiar meus próprios limites. Foi nesse momento que decidi morar na Europa, na busca de novos desafios e aprendizados.

A VIDA NA EUROPA: O NOVO COMEÇO

Morar na Europa foi mais do que uma mudança geográfica; foi um recomeço. A adaptação foi desafiadora, mas cada dificuldade tornou-se uma oportunidade de transformação. Com essa nova perspectiva, nasceu o projeto "Café com Terapia".

CAFÉ COM TERAPIA: TRANSFORMANDO DOR EM AJUDA

Esse espaço nasceu das minhas experiências pessoais. O "Café com Terapia" é um lugar onde a dor é acolhida e ressignificada, permitindo que cada pessoa encontre sua essência. É um reflexo da minha jornada de acolhimento, crescimento e resiliência.

APRENDIZADOS E REFLEXÕES: A DOR COMO FERRAMENTA DE CRESCIMENTO

Hoje, vejo a dor como uma aliada. Aprendi a acolhê-la e usá-la para me fortalecer. A aceitação e o amor próprio são essenciais para a cura. Permitir-me ser quem sou, sem medo de errar, abriu caminho para a paz interior e a conexão com minha essência.

AGRADECIMENTOS

Este livro é dedicado a todos que fizeram parte da minha jornada: à minha mãe, aos meus filhos, e a cada pessoa que cruzou meu caminho, ajudando-me a ser quem sou hoje. Aos meus amigos, que sempre estiveram presentes, mesmo quando eu não conseguia enxergar minha própria força. E, acima de tudo, a Deus e a mim mesma, por nunca desistir, mesmo quando a vida parecia me empurrar para o abismo. Esta história é nossa.

Querida leitora, sua dor não define quem você é. Cada desafio é uma oportunidade de crescimento. Convido você a refletir sobre suas bênçãos e a acolher sua história com carinho.

Pratique o amor próprio. Respire fundo, escreva palavras de encorajamento para si mesma e escolha pequenos gestos de autocompaixão.

Você é suficiente. Você é capaz. Confie em sua força e siga com coragem. Sua jornada de transformação é poderosa.

"Senhor, abençoe cada pessoa que lê estas palavras. Que encontrem força, esperança e paz para transformar suas vidas. Em nome de Jesus, amém

BIOGRAFIA

DIEINER FERREIRA ROCHA MARTINS

Quem é Dieiner Ferreira Rocha Martins? Foi uma menina que teve uma infância maravilhosa, rodeada de amor e pela minha família. Fui a primeira neta materna, primogênita da minha mãe, e tive uma convivência intensa e incrível com meus avós, pais, madrasta, padrasto, tios e primos. Foi uma época de muita diversão, onde aprendi o verdadeiro significado de viver em família e sua importância.

Nas décadas de 1980 e 1990, as crianças brincavam na rua, andavam de bicicleta e se divertiam com simplicidade, e eu não era diferente. Usávamos tocos de madeira, pedrinhas, legumes e palitos para criar animais, além de participar de brincadeiras como amarelinha, cinco-marias, bolinha de gude, cantigas de roda, passa-anel, roda-pião, subir em árvores, entre tantas outras. Nossa criatividade era constantemente estimulada, e éramos verdadeiramente felizes.

Na adolescência, eu amava evangelizar com minhas amigas, participar de tudo o que pudesse na igreja local e dar ideias criativas, como organizar círculos de oração para adolescentes. Também dávamos aulas de escola bíblica para crianças carentes em uma vila do bairro Guajuviras, em Canoas. Foi nesse período que meus queridos irmãos nasceram, trazendo ainda mais alegria.

Na juventude, a partir dos 17 anos, tornei-me líder de jovens, algo que me trouxe imensa alegria em servir a Jesus. Aos 18 anos, vivi um dos momentos mais difíceis da minha vida: a perda da minha avó materna, que era como uma segunda mãe para mim. Até hoje, ela é um exemplo de vida que carrego no coração. Apesar disso, Deus me sustentou, e sempre tive minha mãe como melhor amiga e alicerce, me encorajando a prosseguir.

Com a mesma idade, comecei a namorar o Jônifer, e, em um ano, nos casamos. Sempre tivemos o mesmo sonho: servir a Deus com tudo o que somos e temos. Nos tornamos obreiros na Assembleia de Deus e, após alguns anos, fomos para outra comunidade cristã, onde fomos consagrados pastores. Durante muitos anos, cuidamos de uma congregação, realizando trabalhos evangelísticos com tendas e projetos sociais para famílias necessitadas.

Nesse tempo, Deus nos presenteou com nossa filha, Pietra, que nasceu em 2010. Desde pequena, ela nos acompanha em tudo, aprendendo sobre o Reino de Deus e a importância de amá-lo acima de todas as coisas.

Em 2016, tive outra perda familiar: minha irmã por parte de pai, Mara. Um dia após sua morte, descobri que ela havia aceitado Jesus como Salvador. Essa notícia trouxe conforto ao meu coração, pois tenho a viva esperança de reencontrá-la no céu.

No mesmo ano, fomos direcionados por Deus a cuidar de uma congregação em Sapucaia do Sul, onde fomos chamados para amar aquelas famílias como nunca haviam sido amadas e cuidar delas.

Em dezembro de 2018, foi inaugurado o Ministério "A Igreja: O Lugar Certo para Você e Sua Família", onde meu esposo é o pastor sênior. Esse ministério é um presente de Deus para nossa família. Lá, amamos pessoas e ajudamos a ativar vidas para o propósito divino.

Agora, em dezembro de 2024, completamos seis anos do ministério e, para a glória de Deus, lançamos nosso primeiro livro, intitulado Está Tudo Pronto, que conta os milagres que Deus realizou em nosso meio. Este ano, também celebramos 23 anos de casamento, firmados no amor de Deus e na Rocha Inabalável, Jesus. Mesmo em tempos de desafios familiares, continuamos perseverando na fé.

Participar do projeto Mulheres Ressignificadas é um privilégio para mim, pois Deus já havia liberado uma palavra sobre a minha vida para escrever, e hoje vejo essa promessa se tornar real. Este livro ecoará onde o vento do Espírito Santo quiser levar.

Instagram:
@dieinermartins
E-mail: dieinerrochamf@outlook.com
Telefone : 5551985380790

VII

PROMESSAS CUMPRIDAS

VIVENDO O DESTINO DE DEUS COM FÉ E CORAGEM

> *"Deus não chama os capacitados; Ele capacita os que estão dispostos a obedecer."*

Pare de dar desculpas e viva o Destino de Deus para sua vida. Eu parei, e comecei a viver!

Meu nome é Dieiner Ferreira Rocha Martins. Sou natural de Canoas, RS, casada com meu melhor amigo e grande amor, Jônifer de Paula Martins. Juntos, temos o privilégio de pastorear o Ministério A Igreja. Também sou mãe da maravilhosa Pietra Ferreira Rocha Martins. Minha família é um presente de Deus, que me ativa e inspira diariamente.

MINHA HISTÓRIA

Nasci em Canoas, RS, em 25 de outubro de 1981, filha de Aldenir Azevedo da Rocha e Rosana Ferreira Ferreira. Minha infância foi extraordinária, vivida ao lado dos meus pais, avós, tios e primos. Quando eu tinha 8 anos, minha mãe se casou novamente, e meu padrasto, Davi, trouxe ainda mais alegria à nossa família ao me dar dois irmãos, Isaías e Jadi. Sou imensamente grata por cada um deles e pelo amor que compartilhamos.

Foi através dos meus avós maternos, Lauro e Georgina, que conheci Jesus. Desde pequena, eu ansiava pelos momentos na igreja com eles. Aos 9 anos, uma grande mudança aconteceu em minha família: meu padrasto voltou para Jesus, e minha mãe entregou sua vida a Ele na Igreja Assembleia de Deus. A partir daquele momento, comecei a me aprofundar na palavra de Deus, participando fielmente da Escola Bíblica Dominical. Até hoje, carrego a paixão por aprender sobre Jesus.

Lembro-me de uma campanha de missões marcante, onde a missionária Ester Terra fez uma pergunta poderosa:

"Quem quer ser batizado pelo melhor amigo, o Espírito Santo?"

Sem hesitar, gritei: "Eu!"

Naquela manhã, fui batizada no Espírito Santo. Era apenas uma menina de 9 anos, transbordando de alegria e com o desejo incontrolável de compartilhar o que havia acontecido comigo. Entre risos e lágrimas, sabia que minha vida nunca mais seria a mesma.

Desde muito nova, dediquei-me ao Reino de Deus, com um amor genuíno por servir. Aos 13 anos, comecei a dar aulas bíblicas para crianças de uma vila muito carente, ao lado da minha mãe e de uma amiga. Improvisávamos troncos de árvores como bancos, mas a presença de Deus fazia toda a diferença. Muitas crianças aceitaram a Cristo e levaram seus pais para a igreja. Aquele amor despertou algo profundo em mim. Passei a interceder por aquelas crianças e suas famílias, muitas vezes de madrugada.

Aos 17 anos, fui chamada para liderar os jovens pela primeira vez. A palavra que Deus liberou sobre minha vida foi Mateus 6:33:

"Mas buscai primeiro o Reino de Deus e a sua justiça, e todas estas coisas vos serão acrescentadas."

Orei e declarei: "Senhor, estou à tua disposição; faz de mim o que quiseres."

UM AMOR PROFÉTICO

Em 1992, com apenas 11 anos, uma experiência aparentemente simples se tornou profética. Enquanto carimbava folhetos para evangelização após a Escola Bíblica Dominical, um jovem me ofereceu três balas 7 Belo. Curiosa, perguntei a uma amiga quem ele era, e ela respondeu: "Meu primo, Jônifer."

Sem hesitar, declarei: "Vou casar com ele!"

Minha amiga riu, lembrando que eu era apenas uma menina. Mas com convicção, respondi: "Vou crescer!"

E assim foi. Vivi a vontade de Deus, amadurecendo em minha fé e no propósito que Ele tinha para mim. Em 19 de setembro de 2000, Jônifer me pediu em namoro. Mesmo apaixonada, fiz uma pergunta essencial:

"Você aceita colocar Jesus em primeiro lugar?"

Ele aceitou, e começamos nosso relacionamento sob a bênção de Deus. Em janeiro de 2001, fomos chamados para liderar jovens em bairros diferentes. Em maio, ficamos noivos, e em 8 de dezembro de 2001, nos casamos. Nosso casamento foi um testemunho vivo da bondade e fidelidade de Deus.

DESAFIOS E FÉ

Casados e felizes, eu e Jônifer enfrentamos desafios que testaram nossa fé. Um desses desafios foi meu diagnóstico de ceratocone, uma doença degenerativa das córneas.

Durante a consulta, a médica explicou que a condição poderia ser hereditária, possivelmente afetando nossos futuros filhos. Apesar das incertezas, escolhemos confiar em Deus e continuamos declarando cura.

As perguntas sobre ter filhos começaram a surgir, mas nós decidimos esperar o tempo certo. Oramos incessantemente até que o desejo de ter um filho nascesse no coração de ambos. Quando finalmente tomamos a decisão de tentar, Deus nos surpreendeu: engravidei rapidamente, contrariando todas as expectativas médicas.

Durante a gestação, enfrentamos mais um obstáculo: a incompatibilidade sanguínea. Era um problema que poderia trazer complicações para mim e para o bebê. Novamente, entregamos tudo nas mãos de Deus, e Ele cuidou de cada detalhe. No momento do nascimento, Pietra veio ao mundo perfeita, um verdadeiro milagre em nossas vidas.

Eu ainda enfrentava medos, especialmente em relação à visão dela, devido ao risco hereditário do ceratocone. Mas Deus, mais uma vez, provou Sua fidelidade. Todos os exames confirmaram que os olhos de Pietra eram completamente saudáveis.

O Chamado Evangelístico

Em um culto marcante, um pastor liberou uma profecia sobre minha vida:

"Você cuidará de mulheres que ninguém mais quer ajudar, como garotas de programa."

Naquele momento, aquilo parecia impossível. Eu não conhecia ninguém em uma situação assim, e não fazia ideia de como esse chamado se cumpriria. Anos mais tarde, porém, Deus começou a abrir portas de forma inesperada.

Minha filha estudava perto de um local conhecido onde essas mulheres trabalhavam. Um episódio em particular chamou minha atenção e revelou a profunda dor que elas carregavam. Deus plantou em meu coração um amor intenso por aquelas vidas.

Com o apoio incondicional do meu esposo, começamos a orar e buscar o tempo certo para agir. Organizamos uma tenda de evangelismo e, certa madrugada, saímos para distribuir comida aos necessitados. Foi então que meu esposo me encorajou:

"Chegou a hora, Dieiner."

Decidi preparar pequenos presentes para as garotas de programa, demonstrando o amor de Cristo de forma prática. Quando chegamos ao local, elas não estavam lá. Mas em vez de desistir, oramos com autoridade, declarando que aquelas vidas pertenciam ao Senhor. E então, como uma resposta milagrosa, três mulheres apareceram.

Nos aproximamos com amor e respeito. Antes mesmo que pudéssemos dizer uma palavra, elas começaram a chorar, reconhecendo a presença de Deus. Uma delas disse algo que jamais esquecerei:

"Eu quero o que vocês têm. Vocês têm Jesus, não é?"

Foi um momento de revelação e transformação. Entendi que o amor de Cristo pode alcançar qualquer coração, por mais distante que pareça.

"Pregue sempre, e, se necessário, use palavras."

Essa frase tornou-se uma verdade viva em meu ministério. Deus me ensinou que, para revelar Seu amor, precisamos de compaixão e graça, nunca de condenação. Cada esquina onde evangelizamos tornou-se um púlpito para proclamar a mensagem da graça.

Por isso, encorajo você: pare de dar desculpas e viva o destino que Deus tem para sua vida. O chamado dEle é perfeito e transformador!

Pare de dar desculpas e viva o destino que Deus tem para sua vida!

A Noite que Transformou um Filho

Em uma das madrugadas de evangelismo, encontrei um rapaz muito bonito, alto e vestido com roupas femininas, usando uma peruca loira. Quando me aproximei, ele tentou esconder algo. Ao chegar mais perto, disse: "Jesus me enviou para te dar um presente e dizer que te ama." Naquele instante, ele começou a chorar. Surpreso, me perguntou: "Você é da igreja?"

Respondi que sim. Ele disse: "Então foi Deus quem te mandou. Ninguém das igrejas vem aqui."

Com lágrimas nos olhos, compartilhou sua história: "Só pode ser as orações do meu pai. Ele é diácono e fica de joelhos orando até eu chegar." Pediu-me um abraço e confessou: "Não gosto de me prostituir, mas sou usuário de drogas e não quero roubar."

Olhei em seus olhos e declarei: "Jesus faz o impossível e pode transformar sua vida."

Ali, naquele lugar, o impossível começou a acontecer.

HÁ MESA NO DESERTO

O deserto é o lugar de milagres. João 6:1-15 nos ensina sobre a abundância da mesa no deserto:

1. O deserto nos projeta para Deus.

2. O deserto atrai Deus para nós.

3. O deserto nos fortalece.

Assim como João Batista cresceu e se fortaleceu no deserto (Lucas 1:80), nós também encontramos propósito no deserto: manifestar o milagre de Deus em nós.

Mesmo nos momentos mais difíceis, há sempre uma mesa.

UMA LIÇÃO DE AMOR COM PIETRA

Minha filha Pietra, com seu coração puro, sempre me ensina sobre a compaixão de Jesus.

Um dia, indo para a escola, ela viu uma mulher trabalhando na esquina e comentou: "Mãe, ela parece tão triste."

Chegamos em casa, e Pietra começou a preparar um kit especial para ela. Com muito cuidado, escolheu uma Bíblia, uma carta, perfume, creme e uma blusa. No dia seguinte, fomos até a esquina. Entreguei o presente dizendo: "Jesus pediu para te entregar isto."

A mulher, emocionada, contou que havia sido assaltada e jogada para fora de um carro na noite anterior. Pietra, com sua delicadeza, mostrou o amor de Jesus de forma tão simples e poderosa.

Amar pessoas é contagiante. E isso começa dentro de casa.

OLHAR PARA O INTERIOR

Na última ceia, Jesus declarou: *"Um de vocês que está sentado à mesa vai me trair."* (Mateus 26:17-30)

Essa afirmação constrangeu os discípulos. Um a um, perguntaram: "Sou eu, Senhor?"

Jesus não expulsou Judas da mesa, mesmo sabendo de sua traição. Ele preparou a mesa para comunhão, arrependimento e fortalecimento.

Da mesma forma, precisamos preparar a mesa para aqueles que estão sem força e para nós mesmos. Não é tempo de apontar o dedo, mas de olhar para dentro de nós e enxergar com os olhos de Jesus.

A LUZ DE JESUS NOS LUGARES MAIS ESCUROS

Certa noite, enquanto entregava presentes às garotas de programa, ouvi uma voz gritar atrás de mim: "Mais uma ocupando espaço!"

Quando me virei, a mulher logo se desculpou ao perceber que eu não era uma delas. Sorrindo, entreguei o presente e disse: "É de Jesus."

Ela ficou sem palavras. Não importa onde estamos — a luz de Jesus brilha através de nós.

NA MESA COM JESUS E COM ELAS

O Senhor sempre falou comigo através de parábolas, e minha experiência com Ele também é sobre a mesa. Ele nos chama todos os dias para servir em amor e com amor.

Precisamos levar e servir o alimento necessário para este tempo.

Uma mesa saudável gera grandes destinos. Portanto, torne-se responsável pela verdade que está liberando e servindo em sua mesa.

Nas ruas, quando vamos falar sobre o amor — que é o próprio Jesus — encontramos jovens, mulheres, senhoras da terceira idade e rapazes, todos sem distinção, que vivem na área da prostituição.

Quando saímos às ruas para falar de amor — que é o próprio Jesus — encontramos jovens, mulheres, senhoras da terceira idade e até rapazes. Não há distinção na área da prostituição.

Algo importante a ser mencionado é que muitos desses vieram de lares cristãos e decidiram conhecer o mundo sem Deus. Muitas dessas pessoas já se arrependeram, mas não conseguem sair dessa situação. É nesse ponto que entra o poder da intercessão, para que elas tenham força e um posicionamento para mudar de vida.

Em uma das madrugadas de evangelismo, encontrei um rapaz alto, muito bonito, usando roupas femininas e uma peruca loira. Ao me aproximar, percebi que ele escondeu algo. Disse a ele: "Jesus me enviou para te dar um presente e dizer que Ele te ama." Imediatamente, ele começou a chorar e respondeu: "Você é da igreja?" Eu confirmei, e ele disse: "Então foi Deus que te mandou, porque ninguém de igrejas vem até aqui."

Ele compartilhou que só podia ser o resultado das orações do pai, um diácono que orava de joelhos por ele até vê-lo transformado. Pediu um abraço chorando e disse: "Eu não gosto de me prostituir, mas sou usuário de drogas e não quero roubar." Declarei que Jesus faz o impossível e pode transformá-lo. Meu Deus é o Deus do impossível.

A cada esquina, em cada madrugada, vejo uma mesa de amor — onde Jesus está, milagres acontecem, e vidas são transformadas.

Mesmo que esses lugares pareçam desertos, ali Ele está. Há Mesa no Deserto

João 6:1-15

O DESERTO É LUGAR DE MILAGRES

Propósitos do deserto:

1. O deserto nos projeta para Deus.

2. O deserto atrai Deus para nós.

3. O deserto nos fortalece.

João Batista: *"Crescia e se fortalecia no deserto."* (Lucas 1:80)

O deserto tem o propósito de manifestar o milagre de Deus em nós.

Se você está no deserto, pergunte-se: "Há mesa?"

Então, sente-se. Você e Jesus!

A mesa está posta, e fomos chamadas para servir e participar.

Deus não opera na bagunça. Quando organizamos nossa vida e permitimos que Ele tome o controle, milagres acontecem.

Jesus deu graças antes de receber o milagre. Essa é a chave!

O milagre é ilimitado para quem se entrega por completo ao chamado de Deus. Ele nos usa, mesmo quando achamos que temos pouco a oferecer.

O amor de Jesus transforma. E, ao sentarmos à mesa com Ele, aprendemos que a obediência gera milagres — em nossas vidas e na vida daqueles que tocamos com amor.

Com esse complemento, o livro ganha profundidade e atinge as dez páginas desejadas, mantendo a essência e a verdade da história.

A vida é cheia de desafios, mas também está repleta de oportunidades para experimentarmos o sobrenatural de Deus. Ao olhar para minha própria jornada, vejo que cada dificuldade foi uma preparação, uma etapa necessária para que eu pudesse viver o propósito dEle.

Quantas vezes somos tentados a dar desculpas? Talvez você diga: "Não tenho tempo." "Minha situação é complicada demais." "Eu não sou forte o suficiente."

Eu também já pensei assim. Quando enfrentei o diagnóstico de ceratocone, poderia ter me fechado no medo. Quando os médicos levantaram preocupações sobre a gravidez, poderia ter desistido. Mas, em cada momento, Deus me mostrou que Suas promessas são maiores do que qualquer obstáculo.

Ação e Fé Caminham Juntas

Deus não espera perfeição. Ele espera obediência. Em Mateus 14:29, vemos Pedro dando um passo em direção a Jesus, caminhando sobre as águas. Ele não sabia como seria o próximo passo, mas confiou. Assim também é a nossa vida: precisamos dar o primeiro passo, mesmo que não tenhamos todas as respostas.

Pergunte a si mesmo: Qual é o passo que Deus está me pedindo hoje? O que preciso deixar para trás para avançar no propósito dEle?

Não importa quão pequeno ou insignificante pareça, cada passo de obediência nos aproxima do destino que Ele preparou para nós.

Acredite no Poder da Palavra de Deus

Ao longo da minha história, a Bíblia foi minha fonte de força. Versículos como Mateus 6:33 — "Buscai primeiro o Reino de Deus e a sua justiça, e todas estas coisas vos serão acrescentadas" — sustentaram minha fé em momentos de incerteza.

Se você está enfrentando um desafio hoje, segure-se nas promessas de Deus. Aqui estão algumas que me marcaram: Isaías 41:10: *"Não temas, porque eu sou contigo; não te assombres, porque eu sou o teu Deus; eu te fortaleço, e te ajudo, e te sustento com a destra da minha justiça."*

Romanos 8:28: *"Sabemos que todas as coisas cooperam para o bem daqueles que amam a Deus, daqueles que são chamados segundo o seu propósito."*

Jeremias 29:11: *"Porque eu bem sei os pensamentos que penso de vós, diz o Senhor; pensamentos de paz, e não de mal, para vos dar o fim que desejais".* Quando declaramos essas promessas, nossas circunstâncias começam a alinhar-se à vontade de Deus.

VIVENDO O PROPÓSITO

Viver o destino de Deus não significa uma vida sem lutas. Significa, sim, que nunca estaremos sozinhos. O Espírito Santo é nosso conselheiro, amigo e guia. Ele nos capacita a cumprir aquilo que, por nós mesmos, seria impossível.

Se eu pudesse lhe dar um conselho, seria este: pare de esperar o momento perfeito. O momento certo para obedecer a Deus é agora. Comece com o que você tem. Ore com intencionalidade.

SIRVA COM AMOR A TRANSFORMAÇÃO COMEÇA EM VOCÊ

Antes de alcançar outras vidas, Deus quer transformar o seu coração. Meu trabalho com mulheres que viviam em prostituição me ensinou algo precioso:

Deus deseja mudar o mundo através de nós, mas a transformação começa dentro de cada um.

Ele nos chama a ser luz em meio às trevas, e essa luz brilha quando permitimos que o amor dEle transborde. Lembre-se:

não precisamos ser perfeitos para sermos usados por Deus. Precisamos estar dispostos.

"Não faz sentido acender uma lâmpada e depois colocá-la sob um cesto. Pelo contrário, ela é colocada num pedestal, de onde ilumina todos que estão na casa. Da mesma forma, suas boas obras devem brilhar, para que todos as vejam e louvem seu Pai, que está no céu." – Mateus 5:15-16

Recentemente eu ouvi uma frase que diz o seguinte: "O que eu possuo dentro de mim é tão poderoso que quando eu chego em algum lugar, algo muda no interior dos outros"

JESUS

Essa tem sido a minha súplica nos últimos meses. Tudo que for de Deus, ainda que não seja do meu jeito, ainda que eu não consiga visualizar, EU VOU CORRENDO se for Ele.

Os primeiros passos sempre serão desequilibrados, não se desesperem! Continue correndo para o novo.

Continue olhando nos olhos de Jesus, que te chama e se responsabiliza. Não olhe pro lado e nem para as circunstâncias, olha para Jesus.

Qual a resposta você dará hoje?

SE ÉS TU SENHOR, ME FAZ ASSENTAR CONTIGO A MESA

UMA ORAÇÃO PARA VOCÊ

Quero encerrar com uma oração que carrego em meu coração:

"Senhor, obrigada porque Tu és fiel. Obrigada porque, mesmo quando as circunstâncias parecem impossíveis, Tu estás trabal-

hando em nosso favor. Eu coloco minha vida em Tuas mãos e Te peço coragem para dar o próximo passo. Ajuda-me a viver o Teu propósito com ousadia, confiança e fé inabalável. Usa minha vida para Tua glória, e que eu nunca esqueça que o Teu amor é suficiente. Em nome de Jesus, amém."

Agora é sua vez. Não espere mais. Deus tem algo poderoso reservado para você.

Tudo começa com uma escolha: confiar e dar o primeiro passo.

Dieiner Martins

BIOGRAFIA

CARLA PATRÍCIA OLIVEIRA

Nascida na cidade de Moreno, região metropolitana do Recife, sou casada e mãe de uma menina de 2 anos. Trabalho como funcionária pública pela Prefeitura do Recife e também sou artesã e empreendedora no ramo da papelaria personalizada.

Atuei como professora de Matemática e Raciocínio Lógico em cursinhos preparatórios para concursos por quase 15 anos. Atualmente estou me especializando em Mídias Digitais e Empreendedorismo.

Amo o Senhor Jesus e o tenho como base fundamental da minha vida. Creio que Ele é capaz de transformar histórias, e, por isso, me coloco à Sua disposição para ser um canal de bênção na vida

de outras mulheres que desejam ressignificar suas vidas e mudar suas histórias de dor.

@carlapapelariadefesta

@cpninha40

Cpninha40@gmail.com

VIII

RESSIGNIFICANDO A VIDA: DA DOR AO PROPÓSITO

UMA JORNADA DE SUPERAÇÃO, CURA E FÉ TRANSFORMADORA

> *"Quando entregamos nossas feridas a Deus, Ele transforma cicatrizes em histórias de redenção e esperança."*

"Porque há esperança para a árvore, pois, mesmo cortada, ainda se renovará, e não cessarão os seus rebentos. Se envelhecer na terra a sua raiz, e no chão morrer o seu tronco, ao cheiro das águas brotará e dará ramos como a planta nova." Jó 14:7-9

Você já parou para pensar como pequenos e simples momentos podem gerar grandes consequências em nossas vidas?

O conceito do Efeito Borboleta ilustra bem essa ideia. Ele explica como pequenos eventos podem ter impactos significativos em outros lugares. O nome vem da metáfora de que algo tão sutil como o bater das asas de uma borboleta desencadeia um tufão do outro lado do mundo. (Teoria do Caos)

UMA JORNADA DE CURA EM MEIO A DORES FÍSICAS E RELACIONAIS

Em determinado momento da minha vida, comecei a refletir sobre o Efeito Borboleta, pois, de alguma forma, eu me via nessa teoria. Sabia que a grande turbulência que vivi por anos havia se originado em um momento aparentemente inocente.

Por volta dos meus 5 anos de idade, vivenciei o que acredito ser uma das piores experiências que uma criança poderia enfrentar. Um simples momento de diversão com a filha dos nossos vizinhos, somado a um instante de distração dos meus pais, acabou marcando minha vida por muitos anos.

Nós duas fomos atraídas pelo pai dela e fomos feridas emocionalmente por ele. Naquele momento, não poderia imaginar, mas aquele evento – aquele simples e inocente momento de brincadeira – mudaria completamente o curso natural da vida que eu deveria ter vivido. A partir dali o medo, a insegurança e a falta de confiança em mim mesma tornaram-se as características mais marcantes da minha existência.

Ainda lembro do olhar daquele homem, que parecia se divertir ao perceber o terror nos meus olhos cada vez que eu o via. A aflição e o medo que sentia eram tão intensos que meu corpo tremia. Por dentro, eu clamava desesperadamente para que meus pais me protegessem dele, mas eles estavam ocupados demais com suas próprias questões.

Meu pai vivia entregue ao mundo, envolvido em relacionamentos destrutivos, enquanto minha mãe, consumida pela dor e pelo desprezo causado pelas atitudes dele, não conseguia enxergar o que estava acontecendo comigo.

Com o passar do tempo, tornei-me uma menina assustada, retraída e cheia de medos. Para tentar sobreviver, escondi essa dor em um lugar tão profundo que ninguém pudesse acessá-la. Aliás, é o que muitas pessoas que passam por situações assim acabam fazendo: simplesmente se calam para esconder seu sofrimento e vergonha, como se fossem culpadas pelo que aconteceu, mas a verdade é que aquela dor, silenciosamente, me corroía por dentro.

Os transtornos emocionais foram inevitáveis. Experimentei muito cedo a depressão, que se tornou uma presença constante por muitos anos da minha vida.

Minha adolescência também foi marcada por essas emoções. Eu estava me tornando uma jovem extremamente frágil, insegura e com uma autoestima muito baixa. Todas as meninas ao meu redor pareciam mais bonitas, mais felizes, mais inteligentes e mais confiantes. Eu me perguntava como todos conseguiam se sentir assim, enquanto eu carregava tanta angústia dentro de mim.

Os problemas emocionais foram se agravando. Fui uma adolescente profundamente triste, o que me levou a me desconectar do mundo. Não queria interagir com as pessoas e tinha medo de tudo.

Tudo o que eu carregava dentro de mim não trouxe apenas consequências emocionais, mas também físicas e afetivas.

Aos 16 anos, comecei a sentir os sintomas de uma doença que só seria diagnosticada 22 anos depois. Desenvolvi um quadro de dor pélvica crônica e incapacitante, que me levou a uma condição de vida terrível. Essa condição roubou de mim os sonhos que eu ainda tinha: concluir minha graduação, ter uma vida social saudável, casar e ter filhos.

A doença foi identificada como endometriose profunda, também conhecida como endometriose grau 4.

A endometriose profunda é uma doença autoimune que ocorre quando as células endometriais se implantam em um tecido ou órgão a mais de 5 mm de profundidade. Trata-se da forma mais grave da doença, apresentando sintomas mais intensos e sendo mais difícil de tratar.

Ela pode enraizar e afetar diversos órgãos, como o útero, as tubas uterinas, os ovários, o intestino, a bexiga urinária e o ureter. Alguns especialistas a descrevem como algo que pode se comportar de forma semelhante a um câncer — não com o mesmo potencial de matar, mas com o suficiente para roubar toda a qualidade de vida de uma mulher.

Na época, infelizmente, eu não sabia nada sobre essa doença, e, para piorar, nem os médicos tinham conhecimento suficiente. Foi assim que começou mais uma batalha na minha vida, sem que eu soubesse sequer quais armas utilizar, porque não tinha nenhum conhecimento sobre a endometriose.

Minhas idas a médicos e emergências tornaram-se frequentes, mas nenhum exame revelava o que eu tinha. Essa é, aliás, uma das características da endometriose profunda: é de difícil diagnóstico.

Por se apresentar com lesões mais profundas nos tecidos, muitos exames de imagem não conseguem detectá-la. Isso coloca as pacientes em uma situação muito delicada, porque, enquanto o diagnóstico não é feito, o tempo perdido pode resultar em danos significativos à saúde.

Além de termos que lidar com todo o sofrimento causado pela doença, precisamos também enfrentar o preconceito. Afinal, como acreditar em uma dor que "não tem causa"?

Eu mesma me questionava, mas sempre soube que havia algo errado. Mesmo sozinha, comecei a buscar ajuda, pois, no fundo do meu coração, acreditava que alguém, em algum momento, me ajudaria.

Sobrevivendo à Dor e ao Narcisismo

Eu já tinha 22 anos e, há seis, convivia com um quadro de dor constante que, aos poucos, me debilitava cada vez mais.

Foi nessa época que conheci meu ex-marido. O encontro aconteceu em um culto na igreja que eu frequentava, onde ele havia sido convidado para pregar. Ele era uma pessoa encantadora, bom de conversa, gentil e com uma vida muito ativa na igreja.

Não demorou para que eu me apaixonasse. Ele parecia ser tudo o que eu queria: um homem de Deus, atencioso e comprometido com o evangelho.

Aliás, a sede que eu tinha por Jesus e pelo Seu evangelho era o maior tesouro que minha mãe, mesmo em sua fragilidade, havia plantado no meu coração e no dos meus irmãos desde muito cedo.

Acreditei que aquela poderia ser a chance e o apoio necessários para sair do vale em que eu vivia e finalmente experimentar dias mais felizes e confiantes.

Mas, como confiar na minha percepção? Afinal, a garota de auto-estima baixa ainda estava ali. Meu poder de julgamento era completamente distorcido, e eu não conseguia enxergar por trás das máscaras.

Eu era tão frágil, emocionalmente vulnerável e carente que poderia ser atraída por qualquer migalha de atenção. O pior é que conseguia enxergar essas migalhas como demonstrações de amor. A grande verdade é que eu me sentia insignificante demais para acreditar que merecia ser amada da forma como qualquer mulher deveria ser.

No fundo, tendemos a acreditar que homens ruins não existem dentro das igrejas — homens que não tiveram, de fato, seus corações transformados pela graça do evangelho de Cristo.

Acreditei que estava me casando com um homem de Deus, alguém que me conduziria na minha jornada de fé, que me amaria e me acolheria. Que engano!

Mais uma vez, me vi em uma situação de abuso. Dessa vez, porém, eu mesma havia escolhido aquele relacionamento. Não porque queria, mas porque acreditava que estava fazendo a escolha certa.

Meu perfil frágil e carente me levou a me envolver em um relacionamento abusivo. Sofri por anos, sendo subjugada, humilhada e emocionalmente torturada.

O sonho de construir uma família saudável desmoronou, levando consigo o meu maior sonho: o de ser mãe.

Enquanto enfrentava essa tortura no casamento, incluindo traições, abusos emocionais, abandono físico e afetivo, meu quadro de saúde continuava a deteriorar-se. A endometriose, ainda não diagnosticada, causava dores que me incapacitavam cada vez mais. O uso frequente de medicações à base de morfina e as constantes licenças médicas eram reflexo da gravidade de minha condição. Os transtornos emocionais se tornavam cada vez mais intensos; eu estava completamente perdida, sem saber para onde ir ou o que fazer.

A depressão e as dores físicas tornaram-se minhas constantes companhias. Sentia dor todos os dias, a todo o momento, dores que pareciam rasgar os tecidos dentro de mim. Aos poucos, fui perdendo a capacidade de sonhar.

Os anos passaram, e de repente percebi que já era uma mulher de mais de 30 anos, presa em um relacionamento totalmente abusivo, com uma condição de saúde que me debilitava cada vez mais e o sonho de ser mãe completamente esquecido.

O mundo tinha se tornado completamente cinza para mim. Então, comecei a enfrentar a dor de uma depressão profunda, transtorno de ansiedade e insônia severa. Comecei a alimentar a ideia de suicídio, não porque não quisesse viver, mas porque não sabia mais como continuar. No entanto, no fundo, eu sabia que tinha um Deus que poderia mudar o curso de minha vida. Também reconhecia que precisava de ajuda profissional para evitar concluir os terríveis planos que comecei a arquitetar contra minha própria vida.

Hoje, sei que o Senhor estava me direcionando e colocando pessoas em minha vida que poderiam me ajudar. Eu só precisava enxergar e aceitar essa ajuda.

Eu estava no fundo do poço. Já tinham se passado quase 20 anos desde que senti os primeiros sintomas da endometriose. Ainda estava sem diagnóstico, mas, de alguma forma, comecei a perceber que o mundo não precisava ser cinza. Minha vida poderia ser ressignificada. Recusava-me a aceitar que tinha que ser daquele jeito.

Recusava-me a aceitar que minha vida estava destinada à dor e ao sofrimento. Se existia um Deus que me amava, então minha vida tinha que ter um propósito. No fundo, sabia que minha história não precisava continuar daquela maneira: doente, deprimida e rejeitada.

Eu tinha escolhas: u poderia sentar e aceitar a derrota, assumindo o papel de vítima da vida, ou poderia me levantar e buscar forças em Deus, principalmente.

Então, reuni forças e deixei para trás aquele relacionamento de dor. Minha vida era valiosa demais para permitir que alguém a roubasse de mim daquela forma.

A LUTA SILENCIOSA CONTRA A ENDOMETRIOSE E O RESGATE DA MINHA IDENTIDADE

Um relacionamento abusivo não traz apenas sequelas psicológicas; ele também pode causar danos físicos. Uma pessoa vítima de uma relação tóxica frequentemente adoece fisicamente.

É comum ouvir relatos de dores crônicas, alterações hormonais, baixa imunidade, problemas gastrointestinais, entre outros. Essas sequelas, que também experimentei, agravaram significativamente o meu estado de saúde.

Eu não sabia, mas a endometriose havia atingido um nível tão grave que já estava afetando outros órgãos. Ainda assim, continuava sem diagnóstico. Apesar de a endometriose levar, em média, de 7 a 10 anos para ser diagnosticada, eu já acumulava 22 anos sem respostas. A doença também era minha agressora

Passei a usar medicações injetáveis à base de morfina diariamente. Aos 38 anos, já havia tentado de tudo. Consultei todos os médicos possíveis, mas meu quadro só piorava.

Em uma noite específica, tive o meu próprio "quarto de guerra" com o Senhor. Estava enfrentando uma das piores crises de dor da minha vida. Enquanto me contorcia, comecei uma luta espiritual com Deus.

Embora tantas pessoas dissessem que tudo aquilo era "coisa da minha cabeça", eu sabia que não era. Sabia que havia algo errado dentro de mim, mas não entendia por que nenhum exame revelava, nem por que nenhum médico conseguia perceber.

Então, naquele momento de desespero, comecei a clamar no meu quarto. Chorava intensamente e dizia: "Deus, eu sei que tem algo errado comigo, e sei que o Senhor também sabe. Então, traga à luz o que está escondido."

Aquela luta durou uma noite inteira. Enquanto gemia de dor, também gemia em súplica.

Briguei com o Senhor por respostas, como Jacó brigou com o anjo. Sabia que, se as coisas continuassem daquele jeito, eu morreria.

Nessa época, fui encaminhada pela minha médica do ambulatório de dor do Hospital das Clínicas da Universidade Federal de

Pernambuco para uma psiquiatra que pudesse me prescrever antidepressivos com efeitos também no controle da dor. Isso significava mais medicações pesadas.

Fui afastada do trabalho, da vida social e passei a viver em um quarto que costumava chamar de "minha caverna".

Parecia, de fato, o fundo do poço. Mas... só parecia!

Na verdade, era Deus recalculando minha rota. Ele estava me direcionando e me conduzindo a um caminho de ressignificação. E, às vezes, Ele faz isso colocando anjos em nosso caminho.

Foi aí que conheci minha última e melhor psicóloga. Por uma incrível "coincidência", ela era especialista em dor e fazia parte da equipe multidisciplinar do Centro de Endometriose e Histeroscopia de Pernambuco (CEHP). Ela foi um verdadeiro canal de Deus, fruto do meu quarto de guerra.

Cheguei à clínica, eu estava destruída!

Foi naquele dia, em março de 2019, aos 39 anos, que finalmente descobri a doença que havia me atormentado por 22 anos: endometriose profunda.

Meus órgãos estavam bastante comprometidos. Tinha muitos nódulos e lesões nos ovários, útero, trompas, intestino, nervos e ligamentos, mas, surpreendentemente, a primeira sensação que experimentei foi de alegria. Finalmente eu tinha respostas! De repente, entendi com clareza que Deus responde orações.

Nada foi simples até chegar à cirurgia, que era totalmente necessária devido à gravidade das lesões e à quantidade de nódulos.

Os médicos logo me alertaram sobre a possibilidade de perder parte do intestino e precisar usar uma bolsa de colostomia.

Apesar disso, eu sabia que o Senhor estava comigo. Eu passaria por tudo o que fosse necessário com Ele ao meu lado.

REDEFININDO MINHA HISTÓRIA APÓS ANOS DE DOR E RELACIONAMENTOS TÓXICOS

Nesse processo de ressignificação, entrou em cena o homem que se tornaria meu marido, o amor da minha vida, meu melhor amigo e companheiro de fé. Ele segurou minha mão e enfrentou essa jornada ao meu lado. Mesmo sabendo dos riscos que eu corria, nunca me abandonou. Foi com ele que descobri o amor que Deus sonha para um homem e uma mulher.

A cirurgia aconteceu. Os médicos me garantiam apenas uma certa qualidade de vida, mas a verdade é que o que está reservado para nós não está nas mãos dos homens, mas sim nas mãos de Deus.

O Senhor tinha planos lindos para a minha vida.

E, então, aos 40 anos, contra todas as probabilidades, realizei o meu maior sonho: engravidei!

Mesmo com o corpo frágil e marcado pelas sequelas da endometriose, tive uma gestação completamente saudável.

Eu não fazia ideia do que seria, mas nossos corações diziam que era uma menina.

Em um determinado dia, enquanto buscava opções de nomes tanto para menino quanto para menina, o nome Emanuelle chamou minha atenção.

Nunca tinha cogitado esse nome para uma filha, caso um dia tivesse uma, mas, por alguma razão, ele agradou profundamente ao meu coração.

No dia seguinte, assim que acordei, recebi uma mensagem no meu celular. Era minha cunhada dizendo que havia sonhado que eu teria uma menina e que ela se chamaria Emanuelle.

Eu simplesmente chorei, chorei muito. Naquele momento, sabia que o Senhor estava me dizendo algo.

Sentei-me na cama, e essa foi uma das maiores experiências que tive com Deus. Enquanto chorava, senti a presença de Jesus ao meu lado. Por um instante, minha vida inteira passou diante de mim, e então ouvi a voz do Senhor me dizer:

"Sabe por que ela se chamará Emanuelle? Para que você lembre que Eu não estou com você somente agora, mas estive com você a vida toda."

Naquele momento, percebi que sempre tive ao meu lado um Deus que me amava. Mesmo quando a vida me causava tanta dor, Ele estava perto. Mesmo quando tudo parecia perdido, Ele me direcionava para um caminho de excelência.

Ele retirou a venda dos meus olhos, que não me deixava enxergar o quanto eu era valiosa. A partir daquele momento, apropriei-me desse valor e da vida que o Senhor queria para mim.

Sabia que Emanuelle estava vindo para mim como um testemunho do poder resgatador e transformador do Senhor.

Tornei-me mãe de uma menina que considero meu grande ministério e missão de vida, pois preciso guiá-la no caminho do Senhor e ensiná-la a ser forte e corajosa.

Também me tornei uma cristã consciente do meu propósito: serva de um Deus que faz milagres, que muda qualquer história, e esposa amada de um homem que entende seu chamado de Deus para ser servo, marido e pai.

Encontrei o propósito da minha vida: servir a esse Deus e proclamar ao mundo Seu evangelho e Seu grande amor.

ENCONTRANDO MEU PROPÓSITO DE VIDA

Não quero dizer que, de repente, a vida se torna um conto de fadas. Não, isso não acontece. Mas estou aqui para afirmar que o Senhor nos dá opções e, mais ainda, pode fazer com que nossa dor e sofrimento cooperem para o bem.

Entendi que não era responsável por tudo o que havia acontecido comigo. Afinal, pessoas podem nos machucar, abusar, ferir e abandonar, e isso está fora do nosso controle. No entanto, eu era responsável pelo caminho que decidiria seguir a partir disso.

Tudo o que passei me trouxe, de fato, muito sofrimento, marcas e sequelas — como as deixadas pela endometriose. Eu poderia passar a vida inteira sentindo pena de mim mesma, culpando Deus e as pessoas, mas compreendi que o Senhor poderia transformar tudo isso em algo que cooperasse para o bem.

Ele poderia me tornar mais forte e, através de mim, alcançar outras pessoas. Outras mulheres feridas, que sofrem abusos, que são torturadas, desprezadas e negligenciadas por aqueles que têm a responsabilidade, perante Deus, de amá-las.

Eu tinha opções: poderia ficar presa ao meu passado e à condição em que me encontrava ou me levantar e me apropriar de tudo o que o Senhor tinha reservado para mim. Escolhi me levantar.

Ele me fez forte e corajosa, e foi essa força e coragem que me tiraram do lugar em que estava. Foi então que vi minha vida ressignificada e minha história transformada.

Um Convite à Ressignificação Através de Deus

Querida leitora e mulher amada do Senhor,

Não sei as razões que te trouxeram até aqui. Não conheço a tua história, tuas dores ou sofrimentos. Talvez o teu coração esteja completamente despedaçado, ferido. Talvez você tenha sofrido abusos, sido enganada, traída ou desprezada. Talvez alguém tenha roubado você de você mesma.

Talvez a depressão tenha te consumido, e desistir de tudo pareça ser uma opção. Talvez você se sinta como uma árvore cortada, com raízes envelhecidas e um tronco em estado de morte.

Mas hoje eu quero te dizer que há esperança. Você não precisa continuar nessa condição. Existe um Deus que transforma histórias. Ele é capaz de converter dor em cicatrizes que testemunham milagres, tristeza em alegria e morte em vida.

Gostaria de te encorajar a ser forte e corajosa, e permitir que o Senhor te guie para um caminho muito melhor.

Há um caminho diferente! Um caminho de ressignificação e de vida transformada, onde o poder e a glória de Deus se manifestam.

Saiba que, de fato, tudo coopera para o bem daqueles que amam a Deus, e que sua dor e sofrimento podem se tornar sementes que geram salvação e transformação na vida de outras pessoas.

Que você se permita experimentar o poder redentor e transformador do Senhor!

"Porque eu sei os planos que tenho para vocês, diz o Senhor, são planos de bem, e não de mal, para lhes dar o futuro pelo qual anseiam." Jeremias 29:11

E assim, minha jornada continua...

Ao olhar para trás, vejo o quanto o Senhor esteve presente em cada detalhe da minha vida, mesmo nos momentos mais difíceis, quando tudo parecia perdido. Cada dor, cada lágrima, cada momento de luta foi usado por Ele para me transformar, moldar meu coração e me levar a um lugar onde pudesse viver o propósito para o qual fui criada.

Hoje, vivo com a certeza de que não sou definida pelas minhas cicatrizes, mas sim pela forma como o Senhor as usou para contar uma história de redenção e esperança. Minha vida não é perfeita, mas agora sei que sou amada, guiada e fortalecida por um Deus que nunca me abandona.

Se você chegou até aqui, quero que saiba que a mesma graça que me alcançou está disponível para você. O mesmo Deus que transformou minha dor em propósito também deseja fazer o mesmo por você.

Minha história é um testemunho de que, mesmo nas tempestades mais intensas, há um Deus que guia, protege e nos leva a águas tranquilas. Não desista! Permita que Ele ressignifique a sua vida, cure as suas feridas e te leve a experimentar a paz que só Ele pode oferecer.

Que este livro seja um lembrete de que você é amada, valorosa e que a sua vida tem um propósito eterno.

Com gratidão e esperança,

Carla Patrícia Oliveira

BIOGRAFIA

ANTONIELLE PERAZZO DE LIMA MESQUITA

Eu sou esposa do Pr. Reinaldo Mesquita Júnior, mãe do Thiago, filha de Hidalberto e Maria Aldvan, irmã de Brunno e tia de Otávio e Arthur. Advogada Previdenciária e Familiarista, Administradora de Empresas, Coach e Programadora Neurolinguística, Psicanalista em formação.

@antonielle_perazzo

@perazzolimamesquitaadvocacia

e-mail: antonielleperazzodelima@gmail.com

• • •

IX

A Mulher Que Deus Transformou

De educação feminista à lapidação Divina

> *"Deus transformou minhas feridas em força, minha independência em dependência d'Ele, e me fez entender que o maior ministério começa dentro do lar."*

Provérbios 31:10-12

"Mulher virtuosa, quem a achará? O seu valor muito excede o de finas joias. O coração do seu marido confia nela, e não haverá falta de ganho. Ela lhe faz bem e não mal, todos os dias da sua vida."

Neste capítulo, abordarei as maravilhas realizadas por Deus em minha vida, como Ele operou o milagre de minha transformação. Vou apresentar toda a trajetória da minha vida: desde a infância até a forma como fui instruída para ser uma mulher independente, autossuficiente e forte. Consegui ser a mulher para a qual fui instruída para ser uma mulher independente, autossuficiente e forte.

Consegui ser a mulher para a qual fui preparada: excelente profissional, dedicada a ajudar os outros, mas incapaz de fazer o bem a mim mesma. Pensava em todos, menos em mim. Não respeitava meus limites, não conseguia ser feliz e acreditava que a felicidade estava nos outros. Mas a verdadeira felicidade está em nosso relacionamento com Deus.

Salmos 37:4-26

"Que a sua felicidade esteja no SENHOR! Ele lhe dará o que o seu coração deseja. Ponha a sua vida nas mãos do SENHOR, confie nele, e ele o ajudará".

Mostrarei o agir de Deus em minha vida: como fui alcançada, como aconteceu a minha transformação e como deixei de ser uma mulher individualista para me tornar a mulher que coloca sua família em primeiro lugar. Deus me inspira diariamente a cuidar do meu primeiro e mais importante ministério: a minha família.

1 Timóteo 5:8

"Quem não se preocupa com os seus familiares, e mais ainda com os da sua casa, renega a sua fé e é pior do que um descrente."

Minha história começa no final da década de 1970, como filha de um pai agropecuarista, comerciante e político, e de uma mãe professora.

Minhas lembranças mais remotas estão ligadas à presença de meu pai. Seu trabalho flexível permitia que ele estivesse em casa em muitos momentos do dia a dia. São memórias doces, repletas de carinho ao lado dele.

Com minha mãe, vivenciei muitos Natais viajando para encontrar sua família. Ela me amava muito, mas não conseguia demonstrar com gestos de carinho e afeto. Para minha mãe, o amor era transmitido por meio de ensinamentos. Não havia abraços, beijos ou colo. Tenho certeza de que esse foi o amor que ela recebeu quando criança.

Na casa de seus pais, também não havia demonstrações de carinho. A vida da minha mãe não foi fácil, e isso repercutiu profundamente em nossa relação.

Minha avó materna se casou aos 14 anos de idade e, aos 21, se separou. Naquela época, era comum as mulheres se casarem muito cedo. Ela cuidou sozinha dos cinco filhos que teve durante o casamento. Sofreu muito, mas lutou ainda mais para criar e direcionar seus filhos.

Minha mãe, formada em História, foi diretora, secretária e professora. Sempre esteve disposta a fazer o que fosse necessário naquele ambiente escolar. Saía de casa muito cedo e chegava muito tarde, e quase não nos víamos durante a semana. Trabalhava demais e dizia que o exemplo era o mais importante. Sempre era a primeira a chegar e a última a sair.

A relação entre minha mãe e eu era estranha. Não havia carinho, colo, palavras de afirmação e, muito menos, um "eu te amo". Quando estávamos juntas, nos finais de semana, havia muitas reclamações e murmurações enquanto ela fazia os trabalhos domésticos, arrumava guarda-roupas, consertava roupas ou cozinhava.

Era nesses momentos que ela sempre me dizia para estudar muito, ser a primeira da turma, tirar as melhores notas, ser exemplo de bom comportamento, fazer um curso superior, tornar-me uma excelente profissional e, principalmente, ser independente. Ela acreditava que, assim, eu não precisaria fazer trabalhos domésticos, poderia fazer o que quisesse sem dar satisfação e sem depender de um marido.

Minha mãe costumava dizer: "Minha filha, estude muito para ser independente e não precisar de homem para nada. Se você pedir um centavo, ele vai perguntar para quê é."

Ela também dizia: "Pense bem se vai querer casar, porque casamento não é fácil. Viver com outra pessoa que pensa diferente de você é muito complicado. Case-se apenas depois de formada, com um emprego e condições de se sustentar."

Ela acreditava que a independência trazia uma segurança maior, pois, se o casamento não estivesse bem, a mulher poderia simplesmente se separar.

Durante grande parte de minha juventude, pensei exatamente como minha mãe. Fui treinada para isso: precisava de um bom emprego, meu próprio carro, um apartamento e uma boa renda. Refleti sobre o casamento algumas vezes, mas as palavras dela ecoavam constantemente em minha mente. É verdade que, por um período, considerei a possibilidade de me casar e, se não fosse bom, me separar não seria um problema. Para mim, a independência financeira parecia ser a minha maior segurança.

Aos 37 anos, formada em Administração de Empresas e Direito, bancária, com um bom salário, bens materiais, independente, autossuficiente, forte... e solitária.

Provérbios 18:1-24

"O solitário busca seus próprios interesses e se opõe à verdadeira sabedoria."

Lembro-me de que, aos 21 anos, fiz um acordo com Deus. Disse a Ele que abriria mão de minha vida pessoal em prol da minha vida profissional. Meu único objetivo era ser reconhecida profissionalmente, nada mais.

Nosso Pai do Céu é maravilhoso! Ele deixou o tempo passar sem me interromper. Fui conquistando meus objetivos, vivendo para o meu bem-estar e desejando coisas cada vez maiores. Então, de repente, o velho se fez novo, e tudo mudou.

Quando eu pensava que estava com a vida completamente nos trilhos, percebi que era exatamente o oposto. Estava vivendo de forma totalmente contrária aos ensinamentos cristãos.

O desejo de casar já não fazia parte dos meus pensamentos. Eu acreditava que não precisava de filhos, pois tinha dois sobrinhos lindos que me completavam. Estava completamente equivocada.

Ainda bem que os planos de Deus para nós são muito maiores do que podemos imaginar. Num piscar de olhos, tudo mudou. Da noite para o dia, Ele enviou aquele que seria o homem da minha vida, com quem eu formaria uma linda família: eu, ele e nosso filho. E, pela permissão de Deus, permaneceremos juntos até a eternidade.

Tudo aconteceu de forma muito natural, sem dúvidas, percebendo o agir do Pai em minha vida pessoal. Porém, na vida profissional, não posso dizer o mesmo. Deus começou a arrancar de mim tudo o que me afastava d'Ele e da minha família. Ele começou tirando o meu emprego e, consequentemente, minha autossuficiência e independência.

É importante lembrar que minha segurança estava alicerçada no salário que eu recebia. Com ele, eu podia suprir qualquer necessidade, conquistar qualquer coisa material e fazer o que bem entendesse, sem depender de absolutamente ninguém. Mas agora tudo era diferente. Eu estava casada, grávida, desempregada e completamente dependente.

Deus, em Sua sabedoria, permitiu as vitórias, mas também deixou que as derrotas acontecessem. Ele me encontrou sozinha, isolada e contaminada pelas mazelas do mundo. Contudo, Ele não me deixou naquele estado. Ele foi ao meu encontro, me resgatou, me socorreu e curou minhas feridas físicas, emocionais e psicológicas.

Mudanças de mentalidade não acontecem da noite para o dia. Precisei passar por muitas situações, engolir meu orgulho, deixar as bagagens excedentes para trás, carregar apenas o necessário e aceitar o agir do Deus Altíssimo para me transformar na Mulher Ressignificada que sou hoje.

Minha bagagem estava repleta de coisas supérfluas e insignificantes. Eram adornos que apenas faziam volume, embelezavam, mas não serviam para nada. Essas coisas alimentavam minha vaidade e orgulho, sentimentos que devemos abominar.

Provérbios 16:18-19

"O orgulho leva a pessoa à destruição, e a vaidade faz cair na desgraça. É melhor ter um espírito humilde e estar junto com os pobres do que participar das riquezas dos orgulhosos."

Eu ressignifiquei completamente meu olhar para o casamento. Entendi que não podemos iniciar o grande projeto da família já imaginando que ele poderá não dar certo. Quando iniciamos qualquer projeto, devemos pensar e planejar tudo para minimizar as possibilidades de fracasso. No casamento, isso não é diferente.

Como poderia dar certo um casamento em que o marido vai para a Igreja e a mulher para o shopping?

Hoje, meu casamento está firmado em Deus, que é a Rocha firme e segura. Congregamos na mesma Igreja e fazemos parte do mesmo grupo de relacionamento. Poucas coisas fazemos sozinhos. Nossa vida é voltada à família: saímos juntos, nos divertimos juntos, e raramente participamos de programações que não incluam o outro.

Meu marido é o provedor, protetor e sacerdote do nosso lar. Sigo completamente seus direcionamentos e sou sua ajudadora fiel.

Não posso dizer que o casamento é fácil. Por mais amor que exista, ainda assim, acontecem discórdias. Seja na educação dos filhos, na ajuda com as atividades domésticas, nas despesas da casa e nas despesas individuais, no tempo desperdiçado nas redes sociais, no trabalho que se traz para casa, por amizades inconvenientes, pelo descuido na forma de tratar o outro e tantas outras divergências que podem surgir.

Conosco, não é diferente. A diferença está no fato de que não permitimos que as discórdias nos distanciem. Nada pode nos abalar.

Marcos 10:8-12

"E os dois se tornarão uma só carne, e ele e a esposa estarão unidos de tal maneira que não serão mais dois, porém uma só pessoa. E nenhum homem deve separar o que Deus Uniu."

Sou uma mulher que ressignificou a vida. Sou uma mulher lapidada por Deus. Consegui mudar minha mentalidade e deixei, verdadeiramente, que o Espírito Santo tocasse o meu ser e me transformasse em uma mulher totalmente dependente d'Ele. Confio plenamente em tudo o que Ele tem planejado para mim.

Dentro de mim não há espaço para orgulho, e muito menos para vaidade. Vivo para minha família e não me arrependo de nada. Sou, sim, UMA MULHER QUE DEUS TRANSFORMOU!

Como advogada, já acompanhei muitas mulheres que encontraram diversos motivos para se divorciarem. Queriam privacidade, individualidade ou uma vida sem compromisso. Posso garantir que essas mulheres não estavam dispostas a manter o casamento; pensavam apenas em si mesmas.

Quero deixar claro que a relação entre minha mãe e eu mudou completamente depois que eu ressignifiquei o olhar para o casamento e fui transformada por Deus. Tenho certeza que ao desfrutar as maravilhas de um casamento abençoado, encontrei o fluxo correto da vida, com isso nosso laço de mãe e filha foi estreitado. Nos enviamos bilhetes de amor, com muitos "eu te amo", abraços carinhosos e muito colo.

Querida leitora, não sei o que você está enfrentando neste momento — seja em seu casamento, na família, nas finanças, no emprego ou em qualquer outra área de sua vida. Mas Deus manda te dizer que é chegada a hora da sua mudança, do seu milagre e do seu renascimento.

A transformação que Deus opera em nossas vidas é um convite para confiar, renascer e viver para os propósitos d'Ele. Minha história é um testemunho de que, por mais que pareça difícil deixar o orgulho, a vaidade e as bagagens desnecessárias para trás, o agir do Espírito Santo nos conduz à verdadeira plenitude.

Talvez você esteja enfrentando momentos desafiadores, mas saiba que Deus tem planos maiores e melhores para você. Ele deseja transformar sua vida, assim como transformou a minha. Permita que Ele guie seus passos, cure suas feridas e a lapide como a mulher virtuosa para a qual você foi criada para ser.

Viva para Deus, confie n'Ele e não desista. O milagre da sua vida pode estar apenas a uma oração de distância.

Com fé e amor,

Antonielle Perazzo de Lima Mesquita

Rute 3:11

"Agora, minha amada filha, não tenha medo, farei por você tudo o que me pedir. Todos os meus concidadãos sabem que você é mulher virtuosa."

BIOGRAFIA

EUNICE DUARTE NEVES DE BARCELLOS

Sou Eunice, filha das famílias Gripp, Gomes, Barreto e Neves. Sou casada e viúva de Paulo Sérgio Ribeiro de Barcellos, com quem tive o privilégio de construir uma família abençoada.

Somos pais de dois filhos: Isaac e Hadassa. Isaac é casado com Paula Grub, e juntos são pais de Timóteo, Samuel, João, Rute, Josué e Isabel. Já Hadassa é casada com Ernesto Haruo Ochikubo, e são os orgulhosos pais de Ana Sayuri e Naomi.

Sou a sétima filha em uma família de 13 irmãos. Tive a alegria de ser agraciada com pais cristãos, comprometidos com Deus e com o Evangelho, que fizeram o seu melhor para nos educar e nos deram um fundamento sólido para a vida. Eles foram verdadeiros exemplos de homem e mulher de Deus para nós, seus filhos.

Minha caminhada de fé começou cedo. Nasci e cresci totalmente envolvida com a Igreja Presbiteriana do Brasil, onde atuei com liberdade dentro do Corpo de Cristo. Cursei Teologia no Seminário Teológico Batista Fluminense, o que aprofundou ainda mais meu chamado para servir.

Durante minha trajetória, dediquei anos ao trabalho com o Centro Jovem, levando o Evangelho para pessoas em situação de dependência química. Também cursei três anos da Faculdade de Matemática na Faculdade de Filosofia de Campos, quando fui parte ativa da Aliança Bíblica Universitária (ABU).

Desde janeiro de 1977, sirvo como missionária em Jovens Com Uma Missão (JOCUM), iniciando em Minas Gerais e posteriormente vindo para o Rio Grande do Sul, onde tenho me dedicado à implantação e expansão do Reino de Deus na terra.

Minha vida é marcada por uma missão: levar o amor de Deus e o Evangelho a todos os cantos, com o compromisso de ser uma serva fiel no cumprimento do propósito divino.

Informações:
Email: eunice@jocummontesiao.com.br
Instagram: @eunicenevesdebarcellos
Facebook: eunice.debarcellos

X

RESGATANDO GERAÇÕES

UMA JORNADA DE FÉ E EDUCAÇÃO TRANSFORMADORA

> *"Quando entregamos nossa vida e propósito a Deus, Ele transforma cada desafio em uma oportunidade para impactar vidas e moldar o futuro."*

O Deus que tudo sabe e tudo vê

Deus se importa e nos guia.

Nasci e fui criada em um lar cristão onde o Evangelho era ensinado e vivido diariamente.

Aos nove anos, enquanto lia um livro sobre a história de uma missionária na China, senti Deus falando ao meu coração: Ele me chamava para ser missionária. Esse chamado foi claro e marcou profundamente minha vida, direcionando cada passo dali em diante.

Aos 11 anos, fiz meu primeiro curso com a APEC (Aliança Pró Evangelização das Crianças), treinamento voltado para o evangelismo de crianças e professores de Escolas Dominicais. Esse foi o início de uma longa jornada de serviço, começando como professora de crianças de 5 e 6 anos na Escola Dominical da minha igreja. Desde então, tenho servido como professora, dentro e fora da igreja, com muita alegria. Meu propósito é ajudar pessoas a aprender, a compreender a vida de forma mais clara e, assim, capacitar outros a enfrentarem os desafios das mais diversas áreas.

Dentro da igreja, tive o privilégio de trabalhar com crianças, adolescentes, jovens e adultos, adaptando meu serviço às diferentes necessidades e realidades.

Aos 15 anos, mesmo antes de concluir o segundo grau, iniciei meus estudos em Teologia. O chamado missionário era meu alvo e, a cada passo, percebia como Deus estava me preparando para cumprir esse propósito.

Após concluir o Seminário, tive a oportunidade de ajudar meu pastor a cuidar de uma de suas igrejas, assumindo a liderança por um ano. Ele visitava a congregação uma vez por mês para realizar os atos pastorais. Essa experiência foi um grande aprendizado e parte do preparo que Deus tinha para mim.

Além disso, servi no Centro Jovem, um ministério voltado para dependentes químicos, onde ajudei com discipulado e na organização de programações. Também tive o privilégio de participar por três anos da ABU (Aliança Bíblica Universitária), onde recebi treinamento prático que contribuiu muito para meu crescimento ministerial e pessoal.

Minha trajetória sempre foi direcionada por Deus, que, desde cedo, deixou claro o chamado para ser uma missionária. Ele tem me guiado em cada etapa, capacitando-me para servir ao Seu Reino e levar o Evangelho a todas as pessoas.

Em 1974, iniciei a Faculdade de Matemática, mas, em janeiro de 1977, participei de um curso de férias com Jovens Com Uma Missão (JOCUM). Foi nesse período que Deus confirmou algo especial: JOCUM seria o veículo através do qual eu O serviria em missões.

Desde então, permaneci em JOCUM, onde continuo servindo ao Senhor. Em janeiro de 2025, completo 48 anos nessa jornada.

Minha caminhada em JOCUM começou com um curso de dois meses, no qual aprendi a prática de ouvir a voz de Deus. Um dos valores fundamentais da missão é a intercessão, onde buscamos a direção do Espírito Santo para orar de forma alinhada com a vontade de Deus. Todas as manhãs, parávamos para ouvir o Senhor sobre qual nação interceder. Repetidamente, Deus me direcionava a orar pela Rússia, que na época ainda era a União Soviética.

No entanto, comecei a me sentir desconfortável, temendo que as pessoas me julgassem por sempre ter o mesmo motivo de oração. Apesar disso, obedecia e compartilhava o que havia recebido para orar. Em junho daquele ano, durante uma dessas intercessões, vi diante de mim a palavra RÚSSIA, escrita em letras garrafais. Ao compartilhar isso com a equipe, clamei para que Deus levantasse homens e mulheres tementes a Ele para servir na Rússia. Nesse momento, senti como se Deus estivesse na minha frente, perguntando: "Você está pronta para ir?"

Foi ali que me rendi completamente ao Senhor. Aceitei o desafio e me dispus a ser missionária na Rússia. Apesar de minha resistência inicial – afinal, era um país comunista, onde Deus havia sido rejeitado –, Deus quebrou essa barreira em meu coração, me ensinando sobre o Seu amor incondicional. Comecei a me preparar para servir atrás da "Cortina de Ferro", memorizando a Bíblia, pois sabia que poderia ser privada dela.

Em outubro de 1977, participei de uma equipe pioneira de JOCUM que veio ao Rio Grande do Sul, onde apenas 3% da população era evangélica. O estado era considerado um campo missionário difícil, mas vimos o agir de Deus de forma poderosa. Após três meses, seguimos para a Argentina para ajudar na preparação de uma grande campanha evangelística durante a Copa do Mundo de 1978. Nossa equipe trabalhou com igrejas locais e de países vizinhos, mobilizando pessoas para evangelizar as multidões que estariam presentes.

Ao final da campanha, nos reunimos por três dias em Buenos Aires para um encontro internacional de missionários de JOCUM. Enquanto servia em Mar del Plata, tive a oportunidade de conhecer líderes que ajudaram a conectar minha história com a Rússia, a treinamentos específicos para países fechados. Parecia que tudo estava se alinhando para meu chamado missionário.

Entretanto, durante essas reuniões, Deus trouxe um novo direcionamento. Quando Paul Hawkins compartilhou sobre o envolvimento de JOCUM na área educacional, incluindo a abertura da International Christian School (ICS) no Havaí e a Pacific and Asian Christian University (PACU), meu coração de professora se encheu de entusiasmo.

Um dos pastores brasileiros, percebendo meu zelo e planos para os Estados Unidos e Rússia, me desafiou: "Você tem certeza que é isso que Deus tem para você? Pode orar novamente para confirmar se não deve voltar ao Brasil?" Como sempre estive disposta a ouvir a voz de Deus, aceitei o desafio e respondi: "Claro, posso orar."

Ainda acreditava que Deus apenas confirmaria o que já havia me mostrado, mas, para minha surpresa, Ele comunicou algo diferente: eu deveria voltar para o Brasil.

Confesso que me senti como um caranguejo, andando para trás. Apesar disso, sabia que Deus estava no controle e que Ele tinha um propósito maior, mesmo que ainda não fosse claro para mim. Inicialmente, imaginei que a razão do retorno fosse que a JOCUM enviaria equipes missionárias para o Norte do Brasil. Afinal, para mim, os desafios com os povos indígenas e os ribeirinhos eram o maior desafio missionário ou de significância, no Brasil.

Ao retornar para Belo Horizonte, algo inesperado chamou minha atenção. Enquanto eu estava fora, uma equipe missionária que evangelizava em Ouro Preto, durante um festival de inverno, se deparou com uma situação alarmante: crianças nas ruas, muitas delas sofrendo abuso, inclusive por parte de seus próprios pais.

Diante dessa realidade, os missionários procuraram o juiz da cidade, que autorizou a dois desses missionários que eram irmãos de sangue, acolhessem as crianças. Essas crianças foram então levadas para nossa base missionária em Belo Horizonte. Pouco depois do meu retorno, a base se mudou para Contagem, para um local maior, onde seria realizada nossa primeira ETED (Escola de Treinamento e Discipulado), com cerca de 100 alunos.

Fiquei totalmente envolvida na organização dessa nova base, fazendo o que é esperado de um missionário: servir. No entanto, no meu coração, ainda mantinha a expectativa de que, ao término das aulas, eu seria enviada com uma equipe para o Norte do Brasil, cumprindo o que acreditava ser meu próximo passo.

Algumas semanas após o início da ETED, nosso diretor me abordou com um novo desafio. Ele pediu que eu orasse sobre a possibilidade de fazer parte da equipe de obreiros que formaria a base para o desenvolvimento da missão no Brasil. Essa decisão significava abrir mão do meu desejo de ir para o Norte e me comprometer com o crescimento da missão local.

Apesar da surpresa, confiei na soberania de Deus e me dispus a obedecer. Estava ali para servir e fazer o que fosse necessário, mesmo que isso significasse mudar completamente os meus planos.

Enquanto ajudava com a logística para organizar nossas novas instalações, tive que lidar com várias responsabilidades: decidir onde cada pessoa moraria — casais, alunos e obreiros —, além de definir quem faria o quê.

Logo no início, nos deparamos com um grande desafio: tínhamos um número significativo de crianças, incluindo as que havíamos acolhido das ruas de Ouro Preto. A questão era: como procederíamos com elas?

Para essas crianças, acolhidas nas ruas, um casal, amigos de nossos diretores, veio do Havaí com o propósito de trabalhar com elas. No entanto, como não haviam feito a ETED (Escola de Treinamento e Discipulado), precisariam completá-la, já que esta é uma exigência fundamental para quem deseja trabalhar conosco em tempo integral.

Isso gerou outra necessidade: alguém teria que cuidar das crianças enquanto o casal participava das aulas e outras atividades do curso. Era crucial garantir que as crianças estivessem bem assistidas durante os horários em que eles não pudessem estar presentes.

Então veio a pergunta: como faremos isso?

Alguém sugeriu: "Vamos mandar as crianças para uma escola, já ajudaria..."

Mas, naquele momento, algo explodiu dentro de mim. Não! Não podíamos fazer isso! Não com essas crianças. Na minha mente, eu as via no fundo de uma sala de aula cheia, totalmente perdidas, incapazes de acompanhar, sem conseguir aprender. Suas mentes e emoções estavam comprometidas demais para aquele ambiente.

Meu coração de professora gritou mais alto do que nunca. Foi então que Pamela, esposa do nosso diretor, olhou diretamente para mim e disse: "Então, faça alguma coisa!" Minha resposta foi simples, mas decisiva: "Ok."

Naquele instante, começou um novo processo de Deus na minha vida. Ele estava me incluindo em algo maior, algo que Ele queria fazer em nossa nação. Era como se Ele estivesse colocando mais uma peça no Seu plano, ainda que eu não tivesse plena consciência disso na época.

Eu era uma professora, mas não tinha o magistério formal. Antes de vir para JOCUM, havia dado aulas para o segundo grau e ensinado crianças na igreja e em projetos de evangelismo nas favelas. Mas agora, o desafio era muito maior: alfabetizar crianças, muitas delas com dificuldades severas de aprendizagem.

De alguma forma, sabia que poderia aprender. Orando sempre, comecei a visitar escolas para entender como ou por onde começar. A primeira escola que visitei foi São Judas Tadeu, dirigida por irmãs católicas em Contagem. Elas foram de grande ajuda, um verdadeiro bálsamo de Deus. Além de me encorajarem, compartilharam materiais mimeografados e me indicaram editoras em Belo Horizonte. Deus estava claramente me guiando.

Assim, demos início à escola. Começamos com três classes:
1. Os pequeninos – sob os cuidados de Catherine, uma obreira americana de Illinois.
2. Jardim e pré-escola – conduzido por Débora, uma professora de História.
3. Alfabetização – comigo, apesar de termos crianças de até 11 anos que nunca haviam sido alfabetizadas.

Era um protótipo de uma escola, mas se tornou uma experiência fantástica. As crianças aprenderam, nós aprendemos, e vimos milagres acontecer. Deus agiu tanto nas crianças quanto através delas. Cada dia era uma oportunidade de ver a Sua mão guiando e transformando vidas.

No início, durante nossas intercessões como professoras, eu tinha a expectativa de que Deus levantaria uma professora primária para assumir e dar continuidade ao trabalho. Orava pedindo que Ele enviasse essa pessoa.

Mas, em um desses momentos de oração, algo aconteceu. Novamente, senti como se estivesse diante do rosto de Deus, que me dizia claramente: "Eu já levantei. Você."

Naquele dia, fui profundamente quebrantada diante de Deus e me rendi completamente à Sua vontade. Aceitei que Ele poderia me usar como quisesse. A partir de então, nunca mais tive dúvidas de que minha vida seria usada na área educacional.

Algum tempo depois, Pamela veio falar comigo. Ela me perguntou: "Você gostaria de ir ao Havaí para ser treinada na Universidade de lá e trazer isso para o Brasil?"

Alguém da Universidade de JOCUM, no Havaí, havia oferecido a Jim e Pamela a oportunidade de treinar uma professora brasileira para trabalhar na área educacional no Brasil. Na época, cerca de metade da população brasileira era composta por jovens de 18 anos ou menos.

Naquela época, eu não tinha nenhuma atração pelos Estados Unidos. O conhecimento sobre o mundo internacional era limitado. O país que sempre me fascinou foi a Suíça, por causa das fotos que via nos antigos calendários, as famosas "folhinhas". Desde menina, sonhava em conhecer os Alpes Suíços. A neve e o frio me atraíam, principalmente porque morava no calor intenso de Campos, no Rio de Janeiro.

Mas minha disposição era clara: eu estava pronta para ir onde Deus me levasse e fazer o que Ele quisesse para mim.

Pamela cuidou de toda a documentação necessária para minha viagem, já que meu inglês na época era insuficiente para preencher os formulários. Foi um processo longo e desafiador, com muitas dificuldades para conseguir o visto. No entanto, mais uma vez experimentei o agir de Deus. Depois de um ano, embarquei rumo ao Havaí, para a Universidade de JOCUM.

Esse tempo de treinamento foi, sem dúvida, um dos períodos mais ricos da minha vida até então. Foi como experimentar um pouquinho do Céu aqui na terra. Deus, em Sua infinita bondade, me revelou riquezas tremendas do Reino. A cada dia, Ele me surpreendia com experiências profundas nas mais diversas áreas da vida. Vivi momentos intensos de confronto e desafios, mas também de cura e novos aprendizados.

Tive o privilégio de fazer estágio em quase todas as áreas da escola, acompanhando e auxiliando professores — desde as crianças pequenas até os alunos mais velhos. Cada experiência foi um presente, uma nova perspectiva, uma oportunidade de crescimento.

Após minha chegada ao Havaí , por vários meses servi na escola, ICS, estagiando e conhecendo a realidade de uma Escola Cristã, antes de começar as aulas do curso que faria. Quando as aulas começaram, o aprendizado se intensificou. Para alguém como eu, que valoriza o conhecimento e ama aprender, cada semana era como um verdadeiro banquete. Deus continuava me revelando mais e mais, enquanto eu me aprofundava em Seu chamado para a área educacional.

Mas Deus tinha planos ainda maiores.

Em 1978, Loren Cunningham, fundador de JOCUM, estava ministrando em um evento na Alemanha quando Deus o direcionou a declarar algo ousado: o Muro de Berlim cairia. Ele hesitou, mas obedeceu e declarou a palavra profética que Deus havia colocado em seu coração.

No ano seguinte, em 1979, Deus continuou a falar com Loren sobre a queda do comunismo. Ele o instruiu a convocar o Corpo de Cristo para um movimento global de oração. Em 1980, as bases de JOCUM ao redor do mundo se comprometeram a interceder intensamente pela queda do comunismo. Além disso, Deus deu uma estratégia: formar equipes que atravessariam a União Soviética, clamando aquele território para o Senhor.

Baseado na promessa de Deus ao povo de Israel: *"Todo lugar onde pisarem as plantas dos seus pés será de vocês"* (Josué 1:3). Assim, centenas de equipes caminharam pelos países "fechados", declarando que aquelas nações pertenciam a Jesus.

Foi um tempo de profunda convicção e fé, onde Deus estava revelando Seu plano para transformar nações e derrubar barreiras aparentemente intransponíveis.

Eu tive o privilégio de fazer parte de uma dessas equipes, composta por professores da nossa escola no Havaí. Nosso plano era participar de um encontro na Tailândia durante o verão, de onde seguiríamos para Pequim e atravessaríamos a União Soviética de trem, pelo Transiberiano, até a Europa. Durante essa jornada, clamaríamos por aquelas nações, declarando-as para Jesus.

Passamos meses orando e planejando essa viagem. No entanto, no final desse período de preparação, Deus me direcionou para uma outra equipe, também com o mesmo propósito, mas uma equipe de King's Kids, composta de adultos e crianças, que havia recebido um convite oficial para se apresentar dentro da União Soviética.

De forma milagrosa, Deus trouxe do Brasil duas crianças para fazer parte desse grupo, pelas quais me tornei responsável. Partimos então do Havaí rumo ao continente americano, onde nos prepararíamos para a missão na União Soviética. Durante esse período de preparação, Deus nos conduziu a desafiar a Igreja Americana e Canadense à oração pela União Soviética e pelas nações que viviam atrás da "Cortina de Ferro".

Atravessamos 29 estados dos Estados Unidos e o Canadá, de oeste a leste, apresentando nosso programa em dezenas de igrejas, seminários e ajuntamentos de cristãos. Para mim, foi um período de aprendizado profundo, onde, além das apresentações, tive a responsabilidade de ajudar e tutorar três crianças em idade pré-escolar, filhos de líderes do grupo.

Apesar de nossa equipe não ter chegado à União Soviética, tenho certeza de que fizemos muito por ela, despertando a Igreja para interceder por aquele território.

De volta ao Havaí, continuei meu estágio na pré-escola da base até o final daquele ano. Finalmente, no dia 17 de dezembro de 1980, viajei de volta ao Brasil.

Retornei às minhas atividades no Brasil em 13 de janeiro de 1981, com muitos desafios pela frente. Estávamos em um novo local para a base missionária, algo completamente pioneiro. Em meio a construções inacabadas, montamos uma sala de aula improvisada. Os alunos eram as crianças da casa-lar, cujo número havia crescido enquanto eu estava fora, os filhos dos missionários e as crianças da comunidade ao redor da base.

Foi um começo humilde, mas Deus estava presente em cada detalhe.

Deus supriu duas missionárias valentes para trabalharem comigo como professoras: Vanda e Elaine. Mais tarde, naquele mesmo ano, recebemos a ajuda de Dina, uma missionária argentina que se uniu ao projeto. Passei para elas tudo o que pude compartilhar sobre Educação Cristã, com base no que havia aprendido. Juntas, vimos o agir de Deus de maneira maravilhosa, tanto em nós quanto nas crianças. Foi um ano de muitas conquistas!

Além de ensinarmos, trabalhamos na tradução de materiais diversos, incluindo o currículo da pré-escola. Deus foi fiel em cada etapa, capacitando-nos para realizar Seu plano.

No início de 1982, me casei com Paulo Sérgio, que liderava a base de JOCUM em Porto Alegre, no Rio Grande do Sul. Nos primeiros meses de casados, moramos na base, que funcionava em uma casa. Entretanto, para desenvolver a ETED (Escola de Treinamento e Discipulado), precisávamos de um local maior. Encontramos um espaço em Gravataí, onde fomos recebidos no segundo semestre de 1982.

Dessa forma, dividimos nossa equipe de acordo com as áreas de atuação. Aqueles mais identificados com treinamento foram para Gravataí, enquanto os focados em evangelismo permaneceram em Porto Alegre para continuar os trabalhos ali. Naquele ano, acompanhei como esposa e ajudei na organização da nova base em Gravataí.

Em 1983, tivemos duas ETEDs e, no segundo semestre, realizamos nosso primeiro Curso de Educação Cristã pela JOCUM no Brasil, em parceria com a Universidade da Missão, PACU (hoje, Universidade das Nações). Esse curso foi o início de muitos outros, projetados para formar professores com uma visão bíblica de educação. Vieram alunos de várias partes do Brasil, de países lusófonos e também de nações hispânicas, para serem treinados nessa visão transformadora.

No segundo curso de Educação Cristã, em 1984, demos um passo ainda maior. Começamos um protótipo de escola dentro de nossa casa, com seis crianças de vizinhos que vinham para a "escolinha". Esse pequeno embrião cresceu e se transformou na escola Pequeno Rebanho, que hoje oferece educação desde o Jardim de Infância até o Ensino Fundamental 2.

Ao longo dos anos, centenas de crianças passaram pela Pequeno Rebanho, e suas vidas e as de suas famílias foram profundamente transformadas. Atualmente, temos ex-alunos que retornam à escola para matricular seus próprios filhos, confiando a nós a educação da próxima geração.

Na medida em que novas bases de JOCUM foram sendo abertas no Brasil — hoje são mais de 80 —, escolas também surgiram como fruto do trabalho missionário com crianças e famílias.

Quando cheguei ao Brasil em 1981, fui levada pelo nosso diretor nacional a uma reunião com o líder da maior editora cristã no Brasil da época e dois homens influentes no setor educacional. Eles me ouviram e ficaram encorajados com a proposta de uma educação cristã no Brasil. Porém, disseram: "Prove que isso não é apenas mais uma boa ideia americana no Brasil."

Aceitamos o desafio. Por sete anos, treinamos professores dentro da JOCUM, testando e aplicando o modelo educacional. Chegamos à conclusão de que ele não apenas funcionava, mas também era poderoso para gerar transformação.

Após esse período, Deus nos mandou "tocar a trombeta." Comecei a viajar por todo o Brasil, indo às igrejas que abriam suas portas, convocando o Corpo de Cristo a assumir a responsabilidade na área educacional. Biblicamente, as duas instituições responsáveis pela educação das crianças de uma nação são a Família e a Igreja.

Esse chamado foi apenas o início de uma visão que continua impactando vidas até hoje.

No final de 1987, Deus nos direcionou a compartilhar o que já havíamos aprendido com o Corpo de Cristo. Assim, a partir de 1988, começamos a organizar Encontros Nacionais de Educadores Cristãos, sempre na terceira semana de julho, aproveitando as férias escolares. Além disso, viajamos por todo o Brasil, oferecendo seminários e treinamentos para grupos de professores, tanto de escolas de educação básica quanto de Escolas Dominicais. Também alcançamos pais e lideranças de igrejas, encorajando-os a assumirem seu papel na educação cristã.

Ao longo desses anos, vimos Deus levantar muitas outras pessoas com o mesmo propósito.

Associações de escolas cristãs foram organizadas, em 2001 a ACSI, Associação Internacional de Escolas Cristãs, se instalou no Brasil, além de congressos, encontros e esforços conjuntos na área educacional aconteceram. Aos poucos, ninguém podia negar que havia no Brasil um movimento em prol do resgate da educação fundamentada em princípios cristãos.

Esse movimento não era novo. Ele já havia começado com os missionários que chegaram ao Brasil com o propósito de evangelizar, plantar igrejas e, como diziam: "ao lado de cada igreja, uma escola." Esse lema foi um compromisso assumido pelos primeiros missionários da Igreja Presbiteriana do Brasil e por outras denominações com propósitos semelhantes. Contudo, ao longo dos anos, esse propósito foi se perdendo, e o estado assumiu o papel central na educação.

Agora, em 2024, nosso projeto educacional no Sul celebra 40 anos. Estamos entrando em uma nova fase, um recomeço, com outra geração assumindo este ciclo. Para minha alegria e prazer, minha filha, que cresceu nesse meio, formada como cirurgiã dentista, está se preparando para liderar uma das unidades da nossa escola.

Ainda hoje, enquanto terminava este capítulo, recebi uma mensagem de um diretor de escola em Curitiba, que lidera um excelente trabalho iniciado em 1987 por uma ex-aluna do nosso curso de Educação aqui no RS. Ele agradecia, dizendo que, mesmo sem me conhecer, a minha história havia impactado a história deles através da escola.

> "Os pensamentos e os caminhos de Deus são mais altos que os nossos." Deus não errou comigo. Ele trabalhou em mim, moldando-me para algo maior.

Nada em nossas vidas passa despercebido por Deus. Nada é sem propósito. Ele pode dar novo significado a qualquer situação.

Deus não erra; Ele nos conduz por caminhos que, muitas vezes, não entendemos no momento. Mesmo assim, Ele nos prepara e nos guia para algo que, no futuro, fará sentido.

Podemos descansar em Suas mãos e andar em Seus caminhos. Ele nos guiará e nos levará ao Seu propósito mais alto para cada um de nós, Seus filhos. Esse é o compromisso dEle como Pai para conosco.

Deus é o grande autor de nossa história. Ele nunca erra e está continuamente moldando nossa vida para propósitos maiores, mesmo quando não entendemos o caminho. Cada desafio enfrentado, cada vitória alcançada, é parte de um plano maior para Sua glória e transformação de vidas. Que você, leitor, encontre em sua própria jornada a certeza de que o Pai celestial está sempre conduzindo seus passos e trabalhando para algo muito maior do que você pode imaginar. Confie, descanse e permita-se ser guiado por Ele.

BIOGRAFIA

Euzira Luzia Pancieri

Euzira Luzia Pancieri é uma mulher de fé, determinação e propósito. Natural do Brasil, com cidadania americana, brasileira e italiana, Euzira construiu uma trajetória marcada por desafios e vitórias, sempre com Deus no centro de suas decisões.

Com formação em Psicologia Positiva e Psicanálise, ela é uma escritora, palestrante e mentora de mulheres, utilizando sua experiência de vida e conhecimento para inspirar e capacitar outras a viverem suas jornadas com propósito e ressignificação. Sua missão é ajudar mulheres a descobrirem seus talentos e a se fortalecerem espiritualmente, impactando suas vidas de forma positiva.

Empreendedora visionária, Euzira é fundadora de diversas empresas internacionais, incluindo a Zyra Academy International

Publishing LLC, editora responsável pela publicação de histórias transformadoras como o projeto Ressignificadas. Além disso, é uma das mentes por trás da Agro Bridge Exportação e Importação, que conecta commodities ao mercado global e lidera negócios nas áreas de construção civil nos Estados Unidos e Dubai.

Autora de 16 livros, Euzira acredita no poder da escrita como uma ferramenta de transformação pessoal e social. Ela é idealizadora de projetos que exaltam a superação e o fortalecimento da fé, criando espaços para que histórias de resiliência e renovação espiritual sejam compartilhadas com o mundo.

Seus projetos alcançam impacto global, sempre voltados para a glória de Deus. Euzira mantém um compromisso constante com a excelência e a empatia, dedicando-se a causas sociais, como o auxílio a crianças na África, e à promoção de produtos sustentáveis por meio de sua editora.

Mãe amorosa de Christopher, que sonha em se tornar um jogador de futebol profissional, e Chrystal, que segue seus próprios caminhos de aprendizado; Rómulo e Rafael que já casaram e construíram uma família e tenho três netos. Eu também sou apaixonada por família e valores espirituais. Minha mãe Nadir é o amor da minha vida, e meu único irmão João Luís que é um homem super esforçado e conquista seu espaço com fé e determinação.

Meu lema de vida reflete sua essência: *"Tudo o que sou e faço pertence ao Senhor, e cada passo que dou é para glorificar o Seu nome."*

XI

A RARIDADE:
O MILAGRE DA VIDA E O AMOR DE MÃE

Uma Jornada de Fé, Amor e Milagre

> *"Nasci entre a vida e a morte, mas foi o amor de Deus e a fé da minha mãe que me fizeram viver e me tornaram uma raridade neste mundo.".*

A Menina que Nasceu Raridade

Nasci no coração do interior, em uma cidadezinha chamada Alto Baunilha, onde o verde da natureza era meu quintal e a simplicidade era o que moldava cada dia. Minha família era humilde, trabalhadeira e de fé inabalável. Meus pais, fazendeiros dedicados, cultivavam gado, frutas e café, vivendo do que a terra nos dava com tanto amor. Lá, no meio de tudo natural, cresci conhecendo a beleza do que realmente importa: plantar, colher e compartilhar.

Eu sou a única filha mulher de Ernesto Pancieri e Nadir Capelli, a mulher que é o grande amor da minha vida. Ao meu lado, sempre esteve meu irmão querido, João Luiz Pancieri, um companheiro de infância e de histórias. A vida era simples, mas cheia de encanto. Tudo o que precisávamos vinha da terra, e a felicidade parecia morar em cada amanhecer. É curioso pensar que, naquela época, éramos felizes e nem sabíamos.

Desde pequena, chamava a atenção por onde passava: uma menina de cabelos cacheados, olhos castanhos-claros puxados para o verde, com pernas grossas e um rosto que encantava a todos. Mas não era só a beleza que me definia. Eu era uma criança inteligente e curiosa, e meus pais não escondiam o orgulho que sentiam de sua filha única. Cada conquista minha era celebrada como um tesouro, pois, mesmo em meio à simplicidade, minha mãe sempre fazia de tudo para me dar o melhor.

Minha mãe Nadir é o coração desta história. Ela sempre esteve lá, com suas mãos firmes e amorosas, moldando minha vida e me ensinando que, mesmo nas dificuldades, Deus tem o melhor para nós.

Este livro é um convite para que você conheça a minha história: uma jornada que começou no interior, no meio da natureza e da simplicidade, e se transformou em um testemunho de fé, superação e amor.

Minha mãe, Nadir Capelli, era uma jovem sonhadora e cheia de vida quando, aos 18 anos de idade, deu um passo importante: se casou. Era o começo de uma nova jornada, e, pouco tempo depois, a vida já lhe preparava o presente mais precioso que ela poderia receber. Ela estava grávida.

A notícia trouxe brilho aos seus olhos e uma felicidade sem tamanho. A cada mês que passava, a barriga crescia, e junto com ela cresciam os sonhos e as expectativas. Minha mãe carregava no ventre uma vida saudável, cheia de promessas e bênçãos, mesmo sem saber ainda se era um menino ou uma menina.

Os nove meses se passaram, e o dia mais especial finalmente chegou. No meio das emoções de um parto esperado, meu nome veio à vida: Euzira Luzia Pancieri.

Para minha mãe, eu não era apenas uma filha; eu era o começo de tudo, a realização de um amor, o maior presente que Deus poderia ter colocado em suas mãos tão jovens. Ela me segurou pela primeira vez, e naquele momento, tudo fez sentido.

Ela não sabia ainda, mas sua filha única seria uma raridade na vida dela e no mundo, uma vida cheia de significado, desafios e vitórias que ecoariam por gerações.

O meu nascimento, há 58 anos, foi um evento marcado por desafios e superação, como se Deus já quisesse mostrar desde o começo que minha vida seria uma história digna de ser contada. Minha mãe, tão jovem com seus 18 anos, enfrentou um parto complicado. Naquela época, em pleno interior, longe de hospitais e recursos médicos modernos, não havia cesáreas planejadas ou qualquer facilidade.

As condições eram difíceis. Para chegar à cidade mais próxima, seriam necessárias três horas de viagem, e isso por uma estrada de chão, cheia de poeira, pedras e incertezas. Não havia tempo para buscar ajuda mais distante. Minha mãe, como tantas jovens daquela época, contou com a sabedoria das parteiras, mulheres experientes, que através de suas mãos firmes e corações generosos, trouxeram muitas crianças ao mundo.

Ali, no aconchego humilde de casa, nasci eu. Cheia de saúde, perfeita, cabeluda, e como elas mesmas disseram, uma princesa maravilhosa. Desde o primeiro instante, era como se eu já brilhasse. Os olhos das parteiras se iluminaram ao me ver, e elas exclamaram com admiração:

"Uau, que princesa mais linda!"

Minha mãe, com a inexperiência natural de uma jovem que acabara de se tornar mãe, não sabia ainda os desafios que viriam pela frente. Naquela época, o leite materno era sagrado, mas, para a tristeza dela, ela não tinha leite suficiente para me alimentar. As parteiras, acostumadas a cuidar das crianças com os recursos que tinham, resolveram agir da única forma que conheciam: me deram leite de vaca.

Sim, leite de vaca puro, grosso, carregado de gordura. Era o leite tirado direto do úbere do animal, sem filtragem ou preparo, um leite forte demais para uma criança tão pequenina, com apenas uma semana de vida.

Você consegue imaginar? Um ser tão frágil, tão delicado, recebendo um alimento tão pesado? O que começou como uma tentativa de me nutrir se tornou o início de um grande desafio. Mal sabiam elas que aquela linda princesinha, que nasceu tão cheia de saúde, enfrentaria problemas sérios a partir daquele momento.

Foi assim que começou a minha história. Uma história marcada pelo inesperado, pelos obstáculos e, acima de tudo, pela mão de Deus que sempre esteve ali, mesmo nos momentos mais difíceis.

A partir daquele momento, minha história ganhou o tom de um grande desafio. O leite de vaca, aquele mesmo leite grosso e cheio de gordura, que parecia uma solução rápida, se revelou o início de uma luta pela minha vida. Uma semana após o meu nascimento, comecei a passar muito mal. Minha mãe, tão jovem, tinha apenas 18 anos, e diante do meu sofrimento, não sabia o que fazer. Afinal, como poderia ela, uma menina-mulher, ter experiência para cuidar de outra criança tão pequena e frágil como eu?

O desespero tomou conta. Duas crianças, minha mãe e eu, aprendendo juntas a enfrentar a vida e a responsabilidade de estarmos uma nas mãos da outra. Em meio ao caos, minha mãe correu para meu pai, Ernesto Pancieri e disse, com o coração em prantos:

— "Vamos levá-la para a cidade mais próxima!"

Naquela época, não havia médicos por perto, nem hospitais equipados em cada esquina. Então, enfrentaram horas pela estrada de chão, a caminho de Colatina, com a fé de que os médicos poderiam me salvar. Ao chegarmos, os doutores me examinaram rapidamente e perceberam que a situação era crítica. Fui levada para internação imediata. Não era algo simples. Minha vida estava por um fio.

Ali, no hospital, passei 40 dias que pareciam uma eternidade. Era como se a cada dia eu nascesse e vivesse, vivesse e nascesse. Minha mãe sentada ao meu lado, não dormia nem descansava. Com o coração apertado orava a Deus, pedindo misericórdia, enquanto os médicos diziam palavras que pesavam como pedras:

— "Orai por ela... não sabemos o que vai acontecer."

Cada dia era uma batalha. Os médicos descobriram que eu era alérgica ao leite de vaca. Aquilo que parecia uma fonte de vida quase me tirou a oportunidade de viver. Mas Deus com Sua infinita compaixão não soltou a minha mão. Foi pela misericórdia divina que continuei lutando para permanecer neste mundo.

Houve um momento, no auge do desespero, em que os médicos olharam para minha mãe e os familiares presentes e disseram:

— "Nadir, chame um padre e batize esta criança. Não sabemos se ela vai sobreviver."

Diante da incerteza e da dor, minha mãe não hesitou. Rapidamente, um padre foi chamado. Em um ato de entrega e fé, minha mãe me entregou nas mãos de Deus:

— "Senhor, se é da Tua vontade levar minha única filha, eu entrego ela a Ti. Mas se é da Tua vontade deixá-la neste mundo, que ela viva, pois eu a quero como a minha querida, linda e maravilhosa filhinha."

Foi ali naquele momento de oração sincera e entrega total, que um milagre começou a acontecer. Eu reagi. Meu corpo tão frágil começou a aceitar os medicamentos e a nova fórmula de leite — um leite fabricado, caro e raro para a época, mas que salvou minha vida.

Hoje, olhando para trás, faço uma pausa e me questiono: será mesmo que um leite tão puro e denso, tirado direto de uma vaca que come capim, é o alimento certo para um recém-nascido? Uma dúvida que deixo para você, leitor, refletir.

O que importa é que Deus agiu, e a entrega da minha mãe tocou o coração do Criador. Foi através da fé dela e da oração inabalável que a minha história não terminou ali. Naquele dia, Deus decidiu que eu permaneceria aqui, para viver, para crescer e para testemunhar os milagres que só Ele pode realizar.

E assim começa a minha vida: uma trajetória marcada por desafios, mas também por uma graça inexplicável, provando que, desde o início, eu era uma raridade nas mãos do Senhor.

Os 45 dias no hospital finalmente haviam chegado ao fim. Aos poucos, minha saúde se restaurava, e os médicos, que antes temiam por minha vida, agora sorriam aliviados. Deus havia me dado uma nova chance. Quando recebi alta, meus pais me levaram de volta para casa, aquela casa simples, aconchegante, onde o amor transbordava em cada canto. Uma casa onde todos sabiam: minha vida era um milagre.

Eu era a menina linda e sorridente que todos queriam conhecer. Onde quer que passasse, encantava com minha beleza natural, cabelos fartos e cacheados, e uma simpatia que derretia corações. O tempo foi passando, um ano, dois anos, e ali estava eu, crescendo, cercada pelo cuidado de uma mãe amorosa e de um pai presente, unidos pela fé.

Naquela época, minha mãe já enxergava algo especial em mim. Mesmo tão pequena, ela olhava para mim com os olhos cheios de certeza e dizia com autoridade:

— "Essa menina vai ser uma líder."

E o tempo tratou de mostrar que ela estava certa

Quando eu tinha 5 anos de idade, chegou um dia que ficou para sempre gravado na memória: o Dia das Mães, celebrado na igreja humilde onde minha família sempre participava das missas aos domingos. A igreja, simples e calorosa, estava cheia de mães emocionadas e famílias reunidas. Minha mãe, sempre criativa e determinada, teve uma ideia magnífica. Ela queria homenagear não apenas a si mesma, mas a todas as mães presentes naquela celebração.

Com amor e paciência, ela me ensinou a cantar uma canção que tocaria os corações de todos naquele dia especial: "Mamãe, Mamãe," de Tonico e Tinoco.

O "M" que eu trago guardado
Na palma da minha mão
É o nome de mãe gravado
No fundo do coração.

Ali estava eu, uma menina de 5 anos, pequena, mas destemida, de pé no púlpito da igreja, com os olhos atentos de todos fixos em mim. Minha voz, doce e firme, encheu o ambiente com aquela homenagem:

"Mamãe, mamãe, mamãe, como eu gosto de você. Minha mãe, como faz falta tua vida em meu viver..."

Enquanto eu cantava, minha mãe segurava o coração nas mãos, emocionada e orgulhosa. No final da canção, veio o momento mais impactante: minha mãe havia escrito com um pincel vermelho uma letra M na palma da minha mão. Ao abrir a mão para mostrar ao público, aquele pequeno gesto carregado de amor tocou cada coração presente.

Os olhos arregalados das pessoas refletiam admiração e surpresa. Ali estava eu, tão pequenina, mas já mostrando ao mundo a líder que minha mãe sempre viu em mim. O medo? A vergonha? Eles não tinham espaço na minha vida. Naquele púlpito, diante de tantas pessoas, eu entendi que a minha voz e a minha presença tinham força.

Eu não era só uma criança: eu era uma menina que Deus havia preparado para grandes coisas. O brilho daquele momento se espalhou pela igreja e ficou marcado para sempre como o dia em que, aos 5 anos, a minha jornada de liderança começou.

Os anos foram passando, e meus pais, Ernesto Pancieri e Nadir Capelli, perceberam que minha inteligência era um presente de Deus. Eles sabiam que o interior, com toda sua simplicidade e beleza, não poderia me oferecer o que eu precisava para crescer ainda mais. "Essa menina precisa estudar em uma boa escola," diziam eles.

Com essa certeza no coração, meus pais tomaram uma decisão difícil, mas necessária: vender a fazenda e mudar para a cidade. A fazenda era mais do que um lar; era o fruto de anos de trabalho duro e a base da nossa vida. Porém, para eles, o meu futuro era o bem mais precioso, e qualquer sacrifício valeria a pena.

E assim, partimos para Colatina, uma cidade maior, onde havia mais oportunidades. Foi lá que comecei a estudar em uma escola melhor, cercada de professores, livros e novas amizades. Desde os primeiros dias, me destaquei em todas as classes. Minha inteligência brilhava e me colocava à frente das outras crianças. Não era apenas o conhecimento que me fazia diferente, mas também a dedicação e a força que meus pais me ensinaram desde cedo.

Minha mãe, sempre orgulhosa de mim, assumiu um novo papel na cidade. Com a mesma coragem e determinação que a definem, ela decidiu que faria tudo o que estivesse ao seu alcance para me proporcionar um futuro digno. Sem medo de enfrentar os desafios da vida urbana, minha mãe começou a trabalhar como sacoleira.

Com o coração cheio de fé e uma vontade inabalável, ela pegava roupas das fábricas da região e saía pelas ruas, oferecendo peça por peça. Andava por locais públicos, falava com pessoas de todos os tipos e conquistava clientes com seu jeito comunicativo e sua simpatia natural. Minha mãe tem o dom de fazer amizades com facilidade; onde quer que ela estivesse, deixava uma marca de bondade e alegria.

Cada peça de roupa vendida era mais do que um sustento; era um investimento em mim, no meu futuro, no sonho que ela tinha de me ver crescer, estudar e me tornar alguém de valor. Minha mãe não desistia, mesmo nos dias difíceis, mesmo quando o cansaço chegava. Ela trabalhava com amor, com honestidade e com a certeza de que estava construindo algo muito maior do que ela mesma poderia imaginar.

Essa fase da minha vida me ensinou muito sobre sacrifício, amor e gratidão. Ver minha mãe batalhando todos os dias me fez entender que, por trás de cada conquista, existe uma história de luta e determinação. A cada livro que eu lia, a cada prova que eu passava, eu sabia que estava carregando comigo o esforço dela e o sonho dos meus pais.

Foi assim que continuei minha jornada: com fé, inteligência e o amor incondicional de uma mãe que nunca desistiu de mim.

Assim foi a minha infância, repleta de aprendizados, sacrifícios e conquistas. A educação que meus pais tanto sonharam para mim começou a dar frutos. Aos 14 anos, eu já me destacava na escola como a melhor aluna da turma. Minhas notas eram sempre A, e meu desempenho brilhava como um testemunho do esforço e dedicação que eu herdara dos meus pais.

Foi então que, entre milhares de crianças, algo extraordinário aconteceu: fui escolhida para ganhar uma bolsa de estágio na Caixa Econômica Federal de Colatina. Naquela época, a Caixa Econômica era um dos bancos mais importantes, e essa oportunidade foi recebida pelos meus pais como um verdadeiro presente de Deus.

Imagine o orgulho deles. Aquela filha que nasceu entre a vida e a morte, aquela menina que enfrentou tantos desafios desde o primeiro dia, agora estava conquistando o seu lugar no mundo. Meus pais sabiam que todo o sacrifício, toda a coragem de vender a fazenda e mudar para a cidade, havia valido a pena. Eles olhavam para mim com lágrimas nos olhos, reconhecendo a misericórdia de Deus em minha vida.

Mas o sucesso, às vezes, vem acompanhado de grandes desafios. Ao entrar no banco, eu me destacava não apenas pelo meu desempenho impecável, mas também pela minha beleza e simpatia. Minha presença não passava despercebida, e logo comecei a chamar a atenção, especialmente de alguns rapazes e outras pessoas da sociedade.

Foi aí que um problema sério começou a surgir. Recebíamos cartas. Cartas misteriosas, sem remetente, de alguém que dizia ser apaixonado por mim. No início, parecia apenas uma admiração secreta, algo comum entre jovens. Mas o tom das cartas começou a mudar. O desconhecido dizia que me observava, que me seguia, e começou a fazer ameaças. Ele afirmava que iria me sequestrar.

Minha mãe e meu pai ficaram desesperados. O medo tomou conta de nossa casa. Meu pai, Ernesto, decidiu que não me deixaria sozinha nem por um instante. Todos os dias, ao final do meu expediente no banco, ele estava lá, me esperando para me levar para casa em segurança. Eu não podia mais caminhar livremente, nem viver a juventude como as outras meninas da minha idade.

A situação ficou ainda mais séria quando, em um certo dia, meu pai percebeu um homem me seguindo. Ele não teve mais dúvidas de que o perigo era real. Foi então que meus pais decidiram tomar uma atitude: procuraram a polícia e contrataram detetives policiais para proteger a minha vida.

Por dois longos anos, vivi sob guarda-costas. Onde quer que eu fosse, eu era acompanhada por homens preparados para garantir a minha segurança. Era uma mistura de medo e confiança. Medo pelo perigo que me cercava, mas confiança porque eu sabia que meus pais fariam qualquer coisa para me proteger.

Essa fase da minha vida foi um teste de coragem. Enquanto a ameaça pairava sobre mim, eu continuava firme nos meus estudos, focada no futuro que meus pais haviam sonhado para mim. Eu sabia que Deus estava comigo e que, mesmo nos momentos mais sombrios, Sua mão me guardava.

Minha vida continuava a se transformar, e as oportunidades começaram a surgir de todos os lados. Minha beleza, que sempre chamava atenção, e minha simpatia natural abriram portas que nem eu mesma esperava. Comecei a ser convidada para desfilar.

Lojas da cidade disputavam para que eu fosse a manequim que apresentasse suas coleções. Em cada evento, em cada apresentação, eu brilhava. Caminhava pelas passarelas com a leveza e a confiança que pareciam nascer comigo, encantando olhares e deixando uma marca onde quer que eu passasse.

Logo, meu destaque ultrapassou os limites dos desfiles das lojas. Um dia, fui convidada para participar de um concurso importante: o concurso da mulher mais bonita da cidade. Era uma competição disputada, repleta de mulheres belas e elegantes. Mesmo assim, entre tantas, eu fui uma das escolhidas.

Quando meu nome foi anunciado como vencedora, a felicidade tomou conta de mim. Aquele momento era a confirmação de algo que tantas pessoas enxergavam em mim: uma beleza única, que vinha acompanhada de um brilho especial, um reflexo da minha essência e do cuidado que Deus sempre teve por mim.

Para meus pais, foi um orgulho imenso, mas também um motivo de preocupação. Eles me viam crescendo, se destacando e ganhando visibilidade, e com isso, os receios também aumentavam. Já não era apenas o olhar de admiração das pessoas; agora havia o medo de que essa atenção pudesse me colocar em risco novamente.

Porém, mesmo diante dessas inquietações, meus pais nunca me deixaram sozinha. Sempre presentes, acompanhavam de perto cada passo meu, garantindo que, em meio à fama e aos desafios, eu jamais perdesse o caminho que Deus havia preparado para mim.

Aquela fase foi um misto de realizações e cautela. Enquanto eu brilhava nos desfiles e concursos, era o amor e a proteção da minha família que me mantinham firme e segura. Eu sabia que, por trás daquela menina que desfilava e encantava, havia uma história de sacrifício, fé e propósito, que estava apenas começando a ser escrita.

E assim a vida seguiu seu curso. Estudei, me formei, trabalhei, vivi os sonhos que meus pais tanto sonharam para mim. Namorei, noivei e casei, dando continuidade a uma jornada que começou lá atrás, em uma fazenda simples, onde tudo era plantado, colhido e compartilhado com amor.

Mas, ao relembrar a minha infância e escrever estas páginas, há uma mensagem que arde em meu coração e que quero compartilhar com você, leitor: o amor de mãe.

O amor de mãe é o amor mais verdadeiro que existe nesta terra. Ele é puro, sacrificial, paciente e inabalável. É um amor que não mede esforços, que atravessa noites em claro, que abre mão dos próprios sonhos para ver um filho sorrir. Minha mãe, Nadir Capelli, foi a personificação desse amor na minha vida.

Quantas vezes ela chorou em silêncio, orando por mim? Quantas vezes ela carregou nas costas o peso dos sacrifícios sem nunca deixar de sorrir? Ela não apenas cuidou de mim; ela entregou minha vida nas mãos de Deus quando eu não podia lutar por mim mesma.

O amor de mãe é assim: incansável, incomparável, incondicional. É o tipo de amor que se aproxima do amor de Deus, porque ele não espera nada em troca, ele simplesmente é.

Se você está lendo esta história, leve com você essa reflexão: valorize sua mãe, o amor dela, os sacrifícios que ela fez e faz todos os dias. Pois, no final das contas, o amor de mãe é o maior presente que podemos ter aqui na terra.

Foi esse amor que me deu a força para crescer, para me destacar, para enfrentar desafios e para nunca desistir. E é esse amor que me acompanha até hoje, como um abraço invisível que me sustenta em cada passo da minha jornada.

O Amor que Molda Destinos

O amor de mãe, como o que recebi de Nadir Capelli, é a base sobre a qual muitas histórias são construídas. É um amor que, mesmo em meio a desafios, nunca desiste, nunca cansa, nunca retrocede.

Minha mãe não apenas acreditou em mim; ela lutou por mim. Ela investiu no meu futuro, mesmo quando as circunstâncias eram difíceis. Ela me ensinou, desde cedo, que o amor verdadeiro sacrifica, trabalha e intercede.

Foi esse amor que me fez crescer confiante, forte e capaz de enfrentar o mundo com a certeza de que Deus estava comigo e que minha família era meu alicerce.

Os Desafios que nos Moldam

A adolescência chegou com suas próprias lutas. A perseguição, as cartas misteriosas e os dois anos sob proteção policial foram momentos que me testaram. Ainda assim, ali estava a mão de Deus, guiando cada passo e me mostrando que, mesmo nas sombras, a luz d'Ele jamais se apagaria.

Com o tempo, entendi que as lutas da vida não surgem para nos destruir, mas para nos fortalecer. Elas nos ensinam a ter fé, a perseverar e a confiar que o milagre sempre vem na hora certa.

Foi com essa fé que continuei crescendo e construindo a minha história. Minha jornada nunca foi perfeita, mas foi repleta de aprendizados, conquistas e uma confiança inabalável no Deus que me sustentava.

Do Interior ao Mundo

Da menina que nasceu em uma casa simples no interior de Alto Baunilha, cercada pela natureza, eu me tornei uma mulher de destaque. Minha história é a prova viva de que nenhum começo é pequeno demais quando Deus tem um propósito.

Estudei, trabalhei, me tornei uma líder. Minha vida foi marcada por batalhas, mas também por vitórias. O que meus pais planta-ram em mim – amor, valores, fé e trabalho – floresceu e me fez chegar até aqui.

Hoje, ao olhar para trás, vejo que tudo valeu a pena. Cada lá-grima, cada oração, cada passo em direção ao desconhecido mol-dou quem eu sou e me preparou para viver a missão que Deus me confiou.

Uma Raridade nas Mãos de Deus

Minha história é um testemunho do amor incondicional de Deus e do amor extraordinário de mãe. Desde o meu nascimento, en-tre a vida e a morte, até os desafios da juventude e as conquistas da vida adulta, uma coisa permaneceu constante: Deus nunca soltou a minha mão.

Se existe uma mensagem que quero deixar neste livro, é esta:

Você é uma raridade nas mãos do Criador. Não importa onde você nasceu, os desafios que enfrentou ou os medos que tentou vencer. Deus tem um plano para cada um de nós, e a Sua graça é suficiente para nos levar mais longe do que jamais imaginamos.

Lembre-se sempre:

Você é amado. Você é forte. Você é único. E Deus tem o melhor para a sua vida.

PARA MINHA MÃE, NADIR CAPELLI

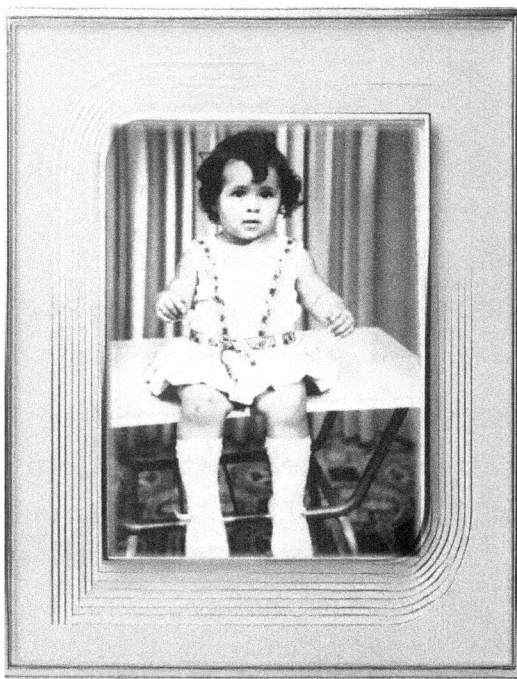

Mãe, como encontrar palavras que sejam dignas de você? Você é mais do que uma mãe. Você é o reflexo mais puro do amor incondicional que existe nesta terra. Desde a minha chegada ao mundo, entre a vida e a morte, você foi a primeira a me abraçar, a me entregar aos cuidados de Deus e a lutar por mim quando eu não podia lutar por mim mesma.

Com apenas 18 anos, você já era uma mulher extraordinária, carregando nos braços uma criança e no coração uma fé capaz de mover montanhas. Foram suas mãos, suas lágrimas e suas orações que me fizeram viver e crescer. Você sacrificou sonhos, trabalhou incansavelmente e nunca desistiu, nem por um instante, do futuro que sonhava para mim.

Você me ensinou que o amor se prova em ações. Lembro-me de cada esforço, de cada peça de roupa que você vendia pelas ruas, do seu sorriso que nunca se apagava mesmo quando o cansaço chegava. Você é a definição de força, de coragem e de generosidade.

Hoje, olhando para tudo o que conquistei e para a mulher que me tornei, sei que nada disso teria sido possível sem você. Cada vitória minha é também sua. Cada passo que dou carrega a certeza de que fui moldada pelo seu amor, pela sua fé e pela sua sabedoria.

Mãe, eu te dedico este livro, pois ele é a prova viva de que suas orações foram ouvidas e de que o Deus a quem você confiou minha vida nunca falhou.

Eu te amo com todo o meu coração e serei eternamente grata a você, minha mãe querida, minha maior inspiração.

Com amor, *Euzira Luzia Pancieri*

POSFÁCIO

Ao chegarmos ao final deste segundo volume de Ressignificadas, somos lembrados de algo essencial: Deus é o grande autor das nossas histórias. Cada página, cada relato, cada vitória compartilhada aqui é a prova viva de que, quando colocamos nossa fé n'Ele, até os momentos mais difíceis podem se transformar em testemunhos poderosos.

Estas mulheres abriram suas almas para contar suas jornadas de dor, superação e fé. Elas nos mostraram que não há desafio grande demais quando confiamos no Criador, e que as maiores bênçãos surgem das situações mais improváveis.

"Tudo coopera para o bem daqueles que amam a Deus, daqueles que são chamados segundo o seu propósito." (Romanos 8:28)

Se este livro tocou o seu coração, é porque as histórias contadas aqui não são apenas individuais; elas são universais. Elas falam sobre aquilo que todos nós enfrentamos em algum momento: perdas, medos, dúvidas, mas também esperança, resiliência e a certeza de que Deus nunca desiste de nós.

Como Ressignificadas, essas mulheres nos inspiram a olhar para nossas próprias vidas com coragem e gratidão, sabendo que, nas mãos de Deus, nossas cicatrizes se tornam testemunhos, e nossos desafios, degraus para algo maior.

A você, leitor, meu desejo é que este livro tenha sido uma fonte de esperança e renovo. Que ele te lembre de que, mesmo nos dias mais sombrios, há luz e propósito. Deus é especialista em transformar vidas, e Ele também deseja ressignificar a sua história.

O que Ele fez na vida dessas mulheres, Ele pode e quer fazer na sua. Confie n'Ele, entregue sua dor, seus sonhos e seu coração, e veja como Deus pode escrever uma nova história.

Euzira Luzia Pancieri

Ressignificadas (Português – Volume I - III)

Resignificadas (Espanhol – Volume I - III)

Reframed (Inglês – Volume I - III)

Ressignificadas (Kindle – eBook)

Português I

Português II

Português III

English I

English II

English III

Español I

Español II

Español III

ZYRA
A C A D E M Y
INTERNATIONAL PUBLISHING, LLC

www.ingramcontent.com/pod-product-compliance
Lightning Source LLC
Chambersburg PA
CBHW070622030426
42337CB00020B/3889